A Formação Espiritual

Dados Internacionais de Catalogação na Publicação (CIP)
(Câmara Brasileira do Livro, SP, Brasil)

Nouwen, Henri
A formação espiritual : seguindo os movimentos do Espírito / Henri Nouwen, Michael J. Christensen, Rebecca J. Laird ; tradução de Alex Guilherme. – Petrópolis, RJ : Vozes, 2012.

Título original inglês: Spiritual formation : following the movements of the spirit
Bibliografia.

3ª reimpressão, 2021.

ISBN 978-85-326-4337-7

1. Formação espiritual 2. Vida espiritual – Cristianismo
I. Christensen, Michael J. II. Laird, Rebecca J. III. Título.

12-01217   CDD-253.7

Índices para catálogo sistemático:
1. Formação espiritual : Cristianismo   253.7

Henri Nouwen
Michael J. Christensen / Rebecca J. Laird

A Formação Espiritual

Seguindo os movimentos do Espírito

Tradução de Alex Guilherme

Petrópolis

© 2010, da propriedade de Henri J.M. Nouwen, Michael J. Christensen e Rebecca J. Laird
Publicado mediante acordo com HarperOne, um selo da Harper Collins Publishers.

Tradução realizada a partir do original em inglês intitulado *Spiritual Formation – Following the Movements of the Spirit*

Direitos de publicação em língua portuguesa – Brasil:
2012, Editora Vozes Ltda.
Rua Frei Luís, 100
25689-900 Petrópolis, RJ
www.vozes.com.br
Brasil

Todos os direitos reservados. Nenhuma parte desta obra poderá ser reproduzida ou transmitida por qualquer forma e/ou quaisquer meios (eletrônico ou mecânico, incluindo fotocópia e gravação) ou arquivada em qualquer sistema ou banco de dados sem permissão escrita da editora.

CONSELHO EDITORIAL

Diretor
Gilberto Gonçalves Garcia

Editores
Aline dos Santos Carneiro
Edrian Josué Pasini
Marilac Loraine Oleniki
Welder Lancieri Marchini

Conselheiros
Francisco Morás
Ludovico Garmus
Teobaldo Heidemann
Volney J. Berkenbrock

Secretário executivo
João Batista Kreuch

Editoração: Elaine Mayworm
Diagramação: Victor Mauricio Bello
Capa: Omar Santos

ISBN 978-85-326-4337-7 (Brasil)
ISBN 978-0-06-168612-2 (Estados Unidos)

Editado conforme o novo acordo ortográfico.

Este livro foi composto e impresso pela Editora Vozes Ltda.

Agradecimentos

Henri Nouwen foi uma pessoa generosa. Ele era generoso com seu tempo, dinheiro e amizade. Escrevia mensagens, mandava presentes e achava várias outras maneiras de celebrar a vida de outras pessoas. Não é surpresa então descobrir que muitos de seus amigos e membros de sua família possuem essa característica de magnanimidade. Este livro não teria sido possível sem o grande conhecimento da obra de Henri Nouwen por parte de Gabrielle Earnshaw e dos funcionários do Henri Nouwen Archives da St. Michael's University em Toronto, os quais sabiam onde achar os artigos, palestras, sermões e passagens que pedimos.

Robert Jonas compartilhou longas conversas conosco e foi companheiro quando tentávamos compreender os interesses pedagógicos e teóricos de Henri Nouwen sobre a formação espiritual. John Mogabgab, Jim Forest e Michael Hryniuk também nos ouviram, comentaram e nos ajudaram a melhorar nosso entendimento. Sue Mosteller e outros membros do Nouwen Legacy Trust avaliaram e aprovaram nossa proposta e assim confirmaram nossa impressão de que Henri estava, consciente ou inconscientemente, reformulando a tradição clássica espiritual em sua abordagem sobre a formação espiritual. Kathy Smith e

Maureen Wright, do Legacy Trust, nos ajudaram muito na procura de materiais. Somos imensamente gratos a todos eles e ao Nouwen Estate.

Christine M. Anderson nos estendeu a mão da amizade e nos ajudou muito com sua competência editorial quando tentávamos conseguir autorizações e nosso tempo era curto e nossa organização não muito boa. Nosso editor, Roger Fleet, tolerou nossa persistência em adicionar imagens, nossa intrusão no *design* da capa e nossa infinita interferência em certos detalhes. Felizmente, Christina Bailly (editora-assistente e responsável pela parte de artes), Carl Walesa (revisor), Lisa Zuniga e Carolyn Holland (editoras de produção) da HarperOne nos mantiveram focados na legibilidade, claridade, estética e cronograma de produção.

Por último, também somos extremamente agradecidos à família de Henri, especialmente ao irmão dele, Laurent, o qual incorpora o amor que a família Nouwen tem pela arte, música e cultura. Laurent nos hospedou durante uma semana na Holanda com a extraordinária hospitalidade local. Conversamos e rimos muito, e isso nos ajudou a entender a própria formação de Henri e sua imperfeita procura por uma forma de intimidade com Deus e com os outros. Nós gostaríamos de dedicar este livro a Laurent, o irmão caçula, cujas atividades espirituais e sabedoria prática fazem com que ele continue doando a outros sem estardalhaço. Enquanto Henri, o irmão mais velho, ruminaria muito e por longos períodos sobre seus discernimentos espirituais, você, Laurent, mostra-nos como é importante *sair pelo mundo e agir*.

Sumário

Prefácio – Sobre este livro, 9
Introdução – Formação espiritual: o caminho do coração, 19

Parte I. Os primeiros movimentos, 41
1 Da opacidade para a transparência, 43
2 Da ilusão para a prece, 63

Parte II. Os movimentos intermediários, 85
3 Da tristeza para a alegria, 87
4 Da mágoa para a gratidão, 111
5 Do medo para o amor, 129

Parte III. Os movimentos maduros, 145
6 Da exclusão para a inclusão, 147
7 Da negação para a aceitação da morte, 165

Epílogo – Jornada interior, jornada exterior, 189
Apêndice – O lugar de Nouwen na Teoria de Desenvolvimento Espiritual, 193
Fontes primárias, 207
Leitura suplementar, 213
Créditos, 221

Prefácio

Sobre este livro

Este livro é uma cartilha sobre como viver espiritualmente. Ao invés de nos dizer como atingir a iluminação, conta-nos sobre as práticas do coração. Não lida com estágios progressivos de desenvolvimento, mas com os *movimentos* que vão das coisas que nos escravizam e destroem àquelas que nos libertam e dão vida. Identifica as dinâmicas, contradições e movimentos psicoespirituais comuns a muitos indivíduos que procuram uma vida espiritual num mundo em constante movimento e mudança. Ele nos oferece uma sabedoria espiritual que nos ensina como ir da cabeça para o coração e como viver centrado em Deus.

Henri Nouwen escreveu que "a formação espiritual nos dá oportunidades de ir ao centro do coração e de nos familiarizarmos com as complexidades de nossa vida interior", e é um dos autores espirituais mais expressivos e lidos do século XX. Escreveu mais de quarenta livros sobre a espiritualidade cristã, mas este em particular contém seus ensinamentos sistemáticos e exemplos do "caminho do coração", do caminho que nos leva da cabeça para o coração e nos molda pela ação do Espírito de Deus dentro de nós. Como pastor, psicólogo, professor e pioneiro no campo de psicologia pastoral, Henri Nouwen é um guia fiável daquilo que hoje chamamos de *formação espiritual*. Como era católico romano, Nouwen herdou uma rica tradição da formação espiritual da teologia mística católica, a qual entendia a formação espiritual como uma série de estágios progressivos e como o seguimento de certas disciplinas que levam à união espiritual. Mais tarde, como psicólogo, ele sistematizou e desenvolveu um entendimento psicodinâmico das polaridades interiores da psique humana (a alma), a qual ele entendia como localizada no coração – o centro do "eu" individual ou centro espiritual, o lugar onde as vidas física, mental e emocional se fundem em relação a Deus. Quando estas polaridades interiores são mais bem entendidas e direcionadas a Deus, momentos transformadores podem ocorrer. Quando o coração humano está aberto e responde aos movimentos do Espírito, uma saudável formação espiritual inevitavelmente passa a existir[1].

Nouwen refletiu em suas próprias experiências espirituais bem como na de outros e, por isso, foi capaz de articular qualidades pessoais e universais da vida interior em relação à formação espiritual. Em seu primeiro livro, *Intimacy: Essays in Pastoral Psychology* (Intimidade: ensaios sobre a Psicologia Pastoral), ele lidou com as dinâmicas

---

1. Para o comentário de Michael J. Christensen sobre como estas polaridades interiores e a natureza da dinâmica de formação espiritual, como entendidas por Nouwen, estão relacionadas com as teorias de estágios dentro do contexto histórico do desenvolvimento da fé, cf. o Apêndice.

interiores do medo, vergonha, vulnerabilidade, identidade, autorrespeito, ansiedade, amor e esperança. Ele acreditava que estas polaridades psicológicas e espirituais eram a causa de momentos transformadores na jornada espiritual. Além disso, identificava a característica essencial da vida interior e propunha uma determinada disciplina e movimento; quer dizer, *desta* qualidade para *aquela*, de algo escravagista e destruidor para algo libertador e pleno de vida. Por exemplo, em seu livro *Reaching Out* (Crescer), o primeiro momento identificado por Nouwen é *da solidão para o isolamento*, o qual requer a disciplina do silêncio; o segundo momento é *da hostilidade para a hospitalidade*, que solicita a disciplina do ministério; o terceiro movimento é *da vida de ilusões para a prece do coração*, que necessita da prece contemplativa e do discernimento comunitário.

Os movimentos do Espírito – alguns maiores, outros menores – podem variar de indivíduo para indivíduo, da época da vida e de acordo com a comunidade de fé. Eles nunca são estáticos, absolutos ou perfeitamente completos; quer dizer, não precisamos nos formar em um movimento para atingir outro e continuar a jornada. Muito pelo contrário, permanecemos em movimento e discernimos continuamente as influências da atividade divina em nossa vida.

Para viver espiritualmente, precisamos procurar respirar no ritmo do Espírito e nos mover na direção de Deus enquanto enveredamos pelo caminho da fé. Para isso, precisamos estar atentos, identificar as condições e seguir os movimentos sutis do Espírito em nosso coração e vida. Os grandes movimentos, de acordo com Nouwen, são *da opacidade para a transparência, da ilusão para a prece, da tristeza para a alegria, da mágoa para a gratidão, do medo para o amor, da exclusão para a inclusão e da negação para a aceitação da morte*. Estes sete movimentos e muitos outros constituem o caminho do coração, o caminho da formação espiritual.

Este livro, *A formação espiritual – Seguindo os movimentos do Espírito*, representa a consolidação das disciplinas clássicas, dos estágios tradicionais e dos movimentos espirituais em uma dinâmica jornada de fé que requer reflexões diárias e práticas intencionais. Assim sendo, ele é adequado para processos de reflexões individuais e de pequenos grupos.

Por que este livro foi escrito

Depois da calorosa recepção e das reações positivas sobre o livro *Spiritual Direction* (Direção espiritual) – o primeiro que desenvolvemos com as notas e manuscritos de Nouwen – nós nos perguntamos se poderíamos conceber outro livro com a ajuda das múltiplas audiogravações e escritos dele. Como fui aluno de Nouwen na Yale University e li seus livros desde o início dos anos de 1980, eu, Michael, notei o contínuo padrão de movimentos em suas palestras e obra. Quando reli seus livros anos depois, comecei a contar o número de movimentos identificados por ele, notei como mudava o nome destes movimentos de um livro para outro e me perguntei se isso era um artifício retórico ou pedagógico para melhor entendimento, ou se este movimento da linguagem tinha como intenção descrever a maneira pela qual Deus afeta nosso coração e nos leva de uma condição a outra por meio de padrões e ciclos repetitivos.

Quando Rebecca Laird, coeditora, reexaminou a teoria psicológica do desenvolvimento espiritual de quando Nouwen pesquisava no Menninger Institute e releu *The Wounded Healer* (O sofrimento que cura), a contribuição mais importante de Nouwen para o campo da psicologia pastoral, tudo ficou claro. Henri estava reconstruindo e sistematizando os estágios e disciplinas clássicas dentro do contexto da psicologia pastoral e dos novos entendimentos da espiritualidade cristã a fim de melhor capturar a realidade humana do final do século XX. O fruto dessa criatividade é uma nova visão transformativa sobre a formação espiritual.

Este livro póstumo foi vislumbrado de várias obras de Nouwen. Henri escreveu muito sobre os movimentos interiores de sua jornada de fé. Depois de sua morte, passamos alguns anos localizando e juntando várias partes de seus ensinamentos sobre estes movimentos em suas homilias não publicadas, entrevistas, aulas, discursos, artigos e livros. Sistematizamos tudo para um novo contexto e novos leitores; assim, aqueles leitores que já conhecem alguns movimentos articulados por Nouwen descobrirão que tais movimentos foram atualizados, reestruturados e recontextualizados para novas audiências[2].

A formação espiritual – Seguindo os movimentos do Espírito é o segundo de uma trilogia sobre como viver uma vida espiritual. O primeiro volume, *Direção espiritual*, foi publicado em 2006 e lidou com o vivenciar do questionamento. O terceiro volume, *Spiritual Discernment* (Discernimento espiritual), lida com o discernimento de sinais em nosso dia a dia. Este volume não precisa ser lido com os outros, mas juntos eles constituem a trilogia espiritual de Henri Nouwen[3].

Como este livro pode ser lido

A formação leva tempo, leva uma vida inteira. Este livro deve ser lido lentamente, mas não precisa ser necessariamente estudado em sequência e de uma só vez. A formação espiritual é pessoal e interior, mas ocorre melhor com o suporte de uma comunidade. Assim, sugerimos que este livro seja lido em pequenos grupos e durante um período de sete semanas, ou mesmo de vários meses, o que permitirá um bom tempo para cada capítulo trabalhar a interioridade. Aquelas pessoas que já estão engajadas em suas próprias jornadas espirituais podem oferecer ajuda e orientações espirituais durante esse processo.

---

2. Para a lista dos 26 movimentos identificados por Nouwen, cf. o Apêndice.

3. Cada um destes volumes foi desenvolvido pelos editores após a morte de Nouwen e junta vários temas de seus ensinamentos, obras publicadas e não publicadas, e a serviço de novos contextos e leitores.

Cada capítulo é enquadrado dentro de uma das estórias ou parábolas favoritas de Henri, assim como de um de seus ícones ou imagens prediletas. A leitura das parábolas em voz alta nos remete à antiga prática de *lectio divina* ou leitura meditativa das Sagradas Escrituras ou textos revelados, o que pode nos levar à prece e à contemplação. As imagens que escolhemos e presentes no centro do livro estão ligadas a capítulos e foram incluídas porque Henri tinha o costume de rezar com a ajuda de ícones, e assim ele seguia algo tradicional ao cristianismo ortodoxo; elas também foram incluídas porque a arte sacra, especialmente os ícones, podem servir de fonte de revelações divinas, as quais o espectador é convidado a receber de maneira meditativa para que ganhe inspiração e discernimento. A antiga prática de meditar sobre imagens foi recentemente chamada de *visio divina* (visão sagrada ou divina)[4]. Neste mundo de muitas palavras, permanecer em reflexão silenciosa visualizando uma imagem pode nos ajudar a sair da cabeça e entrar no coração. Após ler um capítulo, sente-se com a imagem correspondente por pelo menos dez minutos e deixe sua mente refletir sobre os muitos detalhes da imagem. O ato de olhar imagens sagradas (sejam estas

---

[4]. Apesar dos autores terem usado o termo *visio divina* por muitos anos em seminários e retiros, este termo começou a aparecer em web sites devotados à prece e à meditação contemporânea. A prática pós-moderna de *visio divina* combina a antiga prática de *lectio divina* ao mesmo tempo em que assume uma abordagem integrativa, sensorial e espiritual que nos liga à criatividade e à presença divina na Palavra e na imagem sagrada.

pinturas religiosas ou ícones sagrados) significa ver e ser visto. Olhar a imagem e refletir na Palavra são maneiras de o leitor experimentar e ter uma via para o movimento descrito em cada capítulo.

As questões para reflexão na seção "Aprofundamento", encontradas no final de cada capítulo, ajudam o leitor a usar e conhecer o material do capítulo para que possa articulá-lo de maneira eficiente aos movimentos de seu próprio coração e com respeito ao trabalho divino em sua vida. Os exercícios espirituais incluídos nestas seções foram usados por Henri Nouwen em pequenos grupos, mas alguns foram adicionados como material complementar.

Se você está estudando este livro em grupo, cada sessão pode começar com uma prece e dez minutos de silêncio *visio divina*. As imagens de cada capítulo podem ser facilmente achadas na internet e impressas ou projetadas em telões ou superfícies brancas para que possam ser usadas em meditações e reflexões pelo grupo. Esta maneira de compartilhar a prática da fé em grupo pode ser seguida por um debate sobre três ou quatro pontos principais ou passagens do capítulo. Para finalizar, podem compartilhar reflexões sobre as questões e exercícios da seção final. Os participantes precisam ser breves em suas contribuições para que todos possam participar e para que o tempo do grupo seja usado de maneira eficaz. A formação em comunidade precisa de disciplina para que todas as vozes sejam ouvidas e não sejam silenciadas ou marginalizadas pelos membros mais extrovertidos do grupo. Assegure-se de que tenham tempo suficiente no final para que possam rezar uns pelos outros e para as coisas preocupantes do mundo.

Seria também interessante concluir o estudo deste livro com algum tipo de serviço que se estenda a pessoas fora do grupo; isto serve para nos relembrar que, apesar da formação espiritual envolver movimentos interiores, nós nos formamos no coração para encontrar Deus em comunidade e expressamos isso pelo amor pelos outros e no ministério.

A introdução de Henri Nouwen (um texto-chave para o entendimento de sua abordagem única sobre a formação espiritual) e os capítulos que a seguem traçam os movimentos internos e as polaridades do coração em movimento. Cada capítulo designa uma condição da experiência humana (a *opacidade*, a *ilusão*, a *tristeza*, a *mágoa*, o *medo*, a *exclusão* e a *negação*), e isso sistematiza o chamado para a prece e a formação espiritual. Quando seguimos os movimentos do Espírito, somos levados cada vez mais para o coração, um lugar onde podemos nos formar, reformar e transformar pela ação do amor divino.

Michael J. Christensen
Rebecca J. Laird
Domingo de Páscoa, 4 de abril de 2010.

Introdução

Formação espiritual: o caminho do coração

Após tantos anos procurando levar uma vida espiritual, ainda me pergunto: Onde estou eu como cristão? Quanto avancei? Será que tenho mais amor por Deus agora do que antes? Será que, daquele momento em que me engajei no caminho espiritual, consegui progredir espiritualmente? Para ser honesto, não sei responder a estas questões. Isso porque há tantas razões para pessimismo como para otimismo. Muitos dos conflitos de vinte ou quarenta anos atrás ainda estão comigo. Ainda estou à procura da paz interior, de relacionamentos criativos com os outros e de uma experiência mais profunda de Deus. Não tenho como saber se as pequenas mudanças psicológicas e espirituais que ocorreram nestas últimas décadas me tornaram um indivíduo mais, ou menos, espiritual.

Nesta sociedade que sobrevaloriza o progresso, o desenvolvimento e as realizações pessoais, a vida espiritual pode facilmente passar a se guiar pelo alcance de objetivos: Em que nível me encontro agora e o que tenho que fazer para atingir o próximo? Quando conseguirei me unir a Deus? Quando experimentarei a iluminação? Muitos grandes santos descreveram suas experiências religiosas e muitos santos menores sistematizaram estas experiências em fases, níveis ou estágios diferentes. Essas distinções podem ajudar aqueles que escrevem livros didáticos, mas é importante aqui deixarmos o mundo das medidas para trás quando falamos da vida do Espírito.

A formação espiritual, eu acredito, não tem nada a ver com níveis e estágios para a perfeição. Ela diz respeito aos *movimentos* da cabeça para o coração a partir da oração em suas várias formas e que nos re-ligam a Deus, às outras pessoas e ao nosso verdadeiro "eu".

O místico russo Teófano, o Recluso escreveu:
> Eu lhe lembrarei de apenas uma coisa: precisamos ir da cabeça para o coração e lá permanecer face ao Senhor, sempre presente, e que tudo vê dentro de você. A oração toma conta e se fortalece quando a pequena chama queima no coração. Tente não apagar este fogo e ele se estabelecerá tão bem que a prece se repetirá; assim você terá dentro de si uma fonte murmurante[1].

Este entendimento da prece foi central para tradições espirituais por séculos. Orar é ficar defronte a Deus com

---

1. Teófano, o Recluso (1815-1894) é um santo bem conhecido na tradição ortodoxa russa. Diz-se que ele traduziu o *Philokalia* do eslavo eclesiástico para o russo no século XIX. Ele defendia a prática contínua de prece interior ou de "rezar sem cessar", algo que São Paulo recomendou em sua Primeira Carta aos Tessalonicenses. As citações de Teófano usadas por Nouwen são achadas em WARE, T. (org.). *The Art of Prayer*: An Orthodox Anthology. [s.e.]: Faber & Faber, 1966, p. 110. Esta citação aparece em NOUWEN, H. *Reaching Out*: The Three Movements of the Spiritual Life. Doubleday: [s.e.], 1975. • NOUWEN, H. *The Way of the Heart*: Desert Spirituality and Contemporary Ministry. [s.l.]: Seabury, 1981.

a cabeça no coração; quer dizer, naquele ponto de nosso ser onde não há divisões ou distinções e onde somos totalmente um com nós mesmos, com Deus, com as outras pessoas e com o resto da criação. O Espírito mora no coração de Deus e é aí que o grande encontro acontece. O Coração se comunica com o coração porque estamos face ao Senhor, onipresente e onisciente dentro de nós. É no coração que a formação espiritual acontece.

A formação do coração

A palavra *coração* é usada aqui com seu sentido bíblico; quer dizer, o lugar onde o corpo, a alma e o espírito se tornam um. Nos dias de hoje esta palavra tem um sentido bem mais brando. Ela pode se referir apenas a sentimentos ou ao centro da vida emotiva. Tendemos a conceber o coração como um lugar cândido onde todas as emoções estão localizadas, como o oposto do frio intelecto onde todos os pensamentos ocorrem. Mas na tradição judaicocristã esta palavra se refere à fonte de todas as energias físicas, emocionais, intelectuais, volitivas e morais. Ela é o centro da vontade; ela planeja e toma boas decisões. Assim sendo, o coração é o órgão central e unificador da nossa vida. Nosso coração determina nossa personalidade e é o lugar onde Deus habita; mas ele é também o centro de ataques do mal, os quais nos fazem duvidar, ter medo, se desesperar, lamentar, consumir em excesso e assim por diante. Para viver uma vida espiritual e permitir que a presença de Deus nos preencha, precisamos rezar continuamente; e para deixarmos para trás nossas ilusões e isolamento e entrarmos novamente no coração, no lugar onde Deus nos transforma continuamente à imagem de Cristo, leva tempo e atenção.

Eu gosto da estória do escultor que expressa de maneira simples, mas convincente, a importância da contínua formação espiritual:

> Um menino olhava um escultor trabalhando. Por várias semanas o escultor trabalhou neste grande bloco de mármore. Depois de mais algumas semanas ele havia criado a estátua linda de um leão. O menino ficou maravilhado e disse: "Como o senhor sabia que havia um leão na pedra?"[2]

O escultor precisa conhecer o leão antes de trabalhar o mármore. Ele precisa conhecê-lo de coração para poder vê-lo na pedra. O segredo do escultor é este: aquilo que ele conhece de coração, reconhece no mármore. Um escultor que conhece de coração um anjo verá um anjo no mármore; quando o escultor conhece de coração Deus, verá Deus no mármore. O escultor precisa certamente conhecer sua profissão porque o mármore não revelará o conhecimento do coração se não houver competência e técnica. Mas competência e técnica não bastam porque o coração precisa ser formado com o conhecimento certo. A grande questão para o escultor é essa: O que você conhece de coração?

---

2. HORA, T. *Existential Meta-Psychiatry*. [s.l.]: Seabury, 1977. Passagem citada em NOUWEN, H. "Spiritual Formation in Theological Education". [s.n.t.]. • NOUWEN, H. *Clowning in Rome*: Reflections on Solitude, Celibacy, Prayer, and Contemplation. Doubleday: [s.e.], 1979.

A estória do menino e do escultor nos ajuda a entender a formação espiritual como a formação do coração. Qual é o valor de cristãos e líderes espirituais bem treinados e informados se seus corações são ignorantes? Qual é o valor de uma grande erudição teológica, grande habilidade pastoral, experiências místicas intensas, mas fugazes, ou do engajamento com movimentos sociais se o coração não está bem formado para levar uma vida bem formada?

É o coração que determina se o conhecimento leva a Deus ou ao desespero. Quando a Palavra de Deus se torna tópico de análise e debates e não vai ao coração, ela pode facilmente se tornar um instrumento de destruição ao invés de um guia para o amor. Quando nosso coração só conhece maus pensamentos ou pensamentos egoístas, invocará o mal e o egoísmo, mas quando ele é formado pela palavra viva de Deus em Cristo, identificará a face de Deus em tudo que vê. Teófano, o Recluso escreveu:

> Quando a lembrança de Deus vive em nosso coração e aí mantém o medo dele, tudo vai bem; mas quando esta lembrança se enfraquece ou é mantida apenas na cabeça, tudo vai mal[3].

Quando nossa cabeça vê e nosso coração é cego, permanecemos em ignorância espiritual. Por isso, a formação espiritual necessita da contínua disciplina de ir da cabeça para o coração para que o verdadeiro conhecimento e sabedoria surjam.

---

3. WARE, T. (org.). *The Art of Prayer*. Op. cit., p. 11.

A jornada interior para o coração

A formação espiritual requer uma jornada interior para o coração. Apesar desta jornada ocorrer em comunidade e levar ao ministério, o primeiro passo dela é olhar para dentro, refletir sobre o nosso dia a dia e procurar Deus e sua atividade em tudo isso. As pessoas que ousam olhar para dentro enfrentam novos, e muitas vezes dramáticos, desafios: elas precisam aceitar o *mysterium tremendum* interior, a esmagadora natureza da vida interior[4]. Já que o Deus "lá fora" ou "lá em cima" fica dissolvido nas muitas estruturas sociais e construções teológicas, o Deus interior pede atenção com uma força tremenda. Assim como o Deus exterior pode ser experimentado não apenas como sendo bondoso e amoroso, mas como irado e demoníaco, o Deus interior pode ser uma fonte criativa para uma nova vida, mas também a causa destrutiva que traz caos e confusão. É por isso que místicos como Santa Teresa d'Ávila e São João da Cruz reclamaram que lhes faltavam guias espirituais que lhes levassem pelo caminho correto e lhes ajudassem a distinguir entre os espíritos criativos e destrutivos. Não preciso chamar atenção para os perigos

---

4. *Mysterium Tremendum* é um termo concebido por Rudolph Otto (1958) e utilizado por Carl Jung e outros em relação ao encontro humano com a esmagadora natureza da vida interior e suas energias misteriosas. *Mysterium* identifica a alteridade do sagrado; *tremendum*, seu poder esmagador e interior que pode abalar as fundações. Citado por Nouwen simplesmente como *inner tremendum* em "Generation Without Fathers". *Commonweal*, 92, jun./1970, p. 287-294. Tb. em *The Wounded Healer*: Ministry in Contemporary Society. Doubleday: [s.e.], 1972, cap. 2.

da experimentação com a vida interior. O uso de drogas e de várias práticas de concentração e de isolamento pode causar mais danos que bem. Por outro lado, fica claro que aqueles que evitam o encontro doloroso com o invisível são fadados a viver uma vida arrogante, enfadonha e superficial.

A primeira e mais básica tarefa da pessoa que envereda pelo caminho interior para o coração é fazer senso da imensa confusão que surge quando as pessoas adentram este novo mundo interior. É doloroso aceitar como estamos mal preparados para nos aventurar nesta jornada. A maioria dos líderes cristãos estão acostumados a pensar em termos organizacionais de grande escala: congregar as pessoas em igrejas, escolas, hospitais e conduzir o *show* como o diretor de um circo. Eles não estão mais familiarizados e até podem ter medo dos movimentos profundos e significativos do Espírito interior. Eu temo que em algumas décadas a Igreja seja acusada de falhar em sua tarefa mais fundamental; quer dizer, oferecer às pessoas maneiras criativas de se comunicarem com a fonte divina da vida humana.

Mas como podemos evitar isso? Creio que não há outra maneira a não ser entrar no coração, no centro de nossa existência, e assim nos familiarizarmos com as complexidades de nossa vida interior. Quando nos sentirmos confortáveis em casa (quando descobrirmos seus pontos sombrios bem como os ensolarados, suas portas trancadas e seus cômodos com correntes de ar), nossa confusão se evaporará, nossa ansiedade diminuirá e nos tornaremos capazes de nos engajar criativamente e de maneira informada numa vida espiritual.

A chave para isso é a articulação. As pessoas que identificam e articulam os movimentos de sua vida interior, que denominam suas várias experiências, não são mais vítimas delas mesmas porque conseguem paulatina e consistentemente remover os obstáculos que impedem a entrada do Espírito. Elas conseguem abrir espaço para o Um, cujo coração é maior que o delas, cujos olhos veem mais que os delas, cujas mãos curam e plasmam mais que as delas[5].

Nosso relacionamento com Deus

E quanto à relação mais importante de todas, nossa relação com Deus? Pode esta realidade última, invisível e não provada servir de fonte de orientação e formação? Será que Deus está mesmo interessado nos resultados de uma vida em particular? Muitas pessoas se perguntam sobre estas questões hoje em dia, assim como o fizeram muitas outras por séculos. Muitas igrejas, seminários e escolas teológicas começam a se conscientizar que a formação espiritual é uma parte essencial de seus programas educacionais. Para muitos a espiritualidade se tornou algo bastante pessoal, privado e elusivo para que possa ser con-

---

5. Nouwen escreveu esta seção em *The Wounded Healer* (O sofrimento que cura) em 1972 (p. 132). Seus avisos parecem ainda mais proféticos quando lidos quarenta anos mais tarde.

siderada como uma área legítima de estudo e treinamento. Entretanto, pode ser que além da educação pastoral clínica típica dos anos de 1950 e 1960 também são necessárias para a educação e formação teológica neste novo século a formação e a orientação espiritual.

Qualquer pessoa que leva a vida espiritual a sério e quer um encontro mais profundo com Deus sabe imediatamente a importância da formação e orientação. Enveredar pelo caminho interior requer apreciar com tempo e de modo honorável os movimentos do coração e todas as suas polaridades. Assim como não faríamos uma longa viagem sem planejar períodos de descanso e de refeições, sem olhar o mapa e verificar o trajeto, não podemos nos formar na fé sem nos engajarmos em uma vida espiritual com disciplinas ou práticas espirituais.

A oração e a meditação, maneiras fundamentais de se desenvolver uma vida espiritual, não podem ser deixadas à livre experimentação. Os muitos movimentos de hoje em dia são prova absoluta de quão perigosa é a experimentação não orientada com forças espirituais. Quando não há ninguém que nos ajude a discernir entre o Espírito de Deus e os outros espíritos ímpios que assombram nossa alma, engajar-se nessas atividades experienciais pode causar mais danos que bem.

Apesar de muitas pessoas concordarem sobre a necessidade de uma formação espiritual, elas ainda se perguntam sobre a metodologia. Já que há várias escolas na história da espiritualidade do cristianismo ocidental (como a de

Pseudo-Dionísio Areopagita, São Benedito de Núrsia, São Francisco de Assis, Mestre Eckhart, Santa Teresa d'Ávila, Santo Inácio de Loyola, John Wesley, George Fox, Thomas Merton e o Irmão Roger e os outros Irmãos de Taizé) fica claro que há muitos métodos de formação espiritual. Entretanto, é possível descobrir em meio a esta grande variedade algumas práticas que podem servir de guia para todos aqueles preocupados com seu crescimento espiritual, bem como com o de outros. Vou dirigir minha atenção a cinco destas práticas porque parecem ser importantes: a *reflexão* sobre a documentação viva de nosso coração e existência, a *lectio divina*, o *silêncio*, a *comunidade* e o *serviço*. Quando praticadas em conjunto, e especialmente com o apoio de um orientador espiritual e numa comunidade de fé, estas disciplinas nos ajudam a moldar nosso coração para Deus.

Refletindo em nosso coração e tempo

A autêntica vida espiritual se baseia na condição humana. A vida espiritual não é vivida fora, antes, depois ou além de nossa existência; ela só é real se vivida em meio às dores e alegrias do aqui e agora. Assim sendo, precisamos verificar cuidadosamente nossa maneira de pensar, falar, sentir e agir hora após hora, dia após dia, semana após semana, ano após ano para que possamos nos conscientizar de nossa fome de Espírito. Enquanto tivermos um sentimento vago de descontentamento com nossa atual maneira de ser e um desejo indefinido por "coisas espirituais", nossa vida continuará estagnada numa melancolia generalizada. Nós dizemos muitas vezes: "Eu não sou muito feliz. Eu não estou muito contente com a minha vida. Eu não tenho muitas alegrias ou paz. Mas eu não sei como as coisas poderiam ser diferentes e assim eu preciso aceitar minha vida do jeito que ela é". É este sentimento de derrota que nos impede de identificar nossa realidade, articular nossa experiência e chegar mais perto da vida do Espírito.

Quando estava na Menninger Clinic no final dos anos de 1960, estudei e escrevi sobre a vida e o pensamento de Anton T. Boisen, um dos pioneiros da psicologia da religião e do movimento contemporâneo de assistência pastoral. O trabalho de Boisen é extremamente autobiográfico. Seu chamado ao ministério foi seguido por "anos de perambulação" que se intensificaram durante um período de distúrbios mentais; foi nesta época que ele começou a "ler os documentos" de sua vida. Ele sentiu que estudar a vida espiritual com Deus "não deve começar pela tradição ou com sistemas formulados em textos, mas com a mente aberta e pela exploração da experiência viva e humana". A reflexão sobre aquilo que Boisen chama de "documentação viva" da nossa existência traz clareza às polaridades internas de nossa condição humana e nos dirige para uma totalidade maior. Quando recebemos conhecimento do coração, descobrimos que "aquilo que é mais pessoal é também mais universal".

Lectio divina

O termo *lectio divina* vem da tradição beneditina e se refere primariamente à leitura sagrada ou devocional da

Bíblia[6]. Eu suspeito cada vez mais que nossa sociedade baseada na competição, produção, ceticismo e sofisticação inibe nossa leitura da Palavra de Deus, assim como de sua leitura de nós. A *lectio divina* significa ler a Bíblia com reverência e abertura para aquilo que o Espírito nos diz naquele momento. Quando nos aproximamos da Palavra de Deus como uma palavra que nos fala, a presença e a vontade de Deus podem ser sentidas. A prática regular de *lectio divina* me apresenta oportunidades onde minha estória pessoal encontra a estória de Deus e, nesses momentos, coisas surpreendentes podem acontecer. Assim sendo, ler a Bíblia desta maneira significa lê-la "de joelhos", com reverência, de maneira ativa e com a grande fé de que Deus tem uma palavra para nós em especial.

A Bíblia não é primariamente um livro de informações, mas de formação. Ela não é um livro que deve ser somente analisado, escrutinizado e debatido, mas um texto sagrado que nos alimenta, que unifica nosso coração e cabeça; ela é fonte de contínua contemplação. É importante não cair na tentação de ler a Bíblia de maneira programada como se ela fosse um livro cheio de boas estórias ilustrativas que nos ajudam com conselhos instantâneos, sermões, leituras, trabalhos e artigos. Quando usamos a Palavra de Deus de maneira instrumental nós não estamos realmente lendo a Bíblia. Ela não fala

---

[6]. *Lectio divina* também pode se referir à leitura devocional de outros textos inspirados.

conosco enquanto queremos apenas fazer uso dela, mas quando estamos abertos para escutar a Palavra como uma palavra para nós, as Sagradas Escrituras se revelam e sua mensagem vai ao fundo de nosso coração. Isto não acontece facilmente porque requer constante abertura e vontade de ser convertido, assim como de ser levado a lugares onde não queremos necessariamente ir (Jo 21,18). Quando Santo Agostinho leu a Bíblia orando e recebeu a Palavra como algo dito diretamente para ele, sua vida mudou de maneira radical. Outros santos do passado e muitas pessoas hoje em dia nos contam estórias similares de transformação espiritual. A conversão e a transformação pela Palavra de Deus sempre nos abrem para o Espírito da verdade e nos ajudam a nos libertar da ignorância paralisante de nossa existência terrena. A *lectio divina* é uma prática antiga de formação espiritual que ainda precisamos nos dias de hoje.

Mas como nossa sociedade privilegia menos a palavra e mais o visual, outros métodos de receber a Palavra de Deus são necessários. A *visio divina* (visão sagrada ou divina)[7], visualização sagrada de ícones ou imagens religiosas, está ressurgindo como uma nova maneira de ver e sentir o movimento de Deus em nossa vida. No passado os

---

7. *Visio divina* é um termo contemporâneo (o qual não é usado por Nouwen) empregado pelos editores como uma prática complementar a *lectio divina*. Isto segue sua sugestão em NOUWEN, H. *Behold the Beauty of the Lord*: Praying with Icons. [s.l.]: Ave Maria Press, 1987 [Contemplar a face do Senhor – Orar com ícones].

cristãos ortodoxos pintavam e rezavam com ícones porque sabiam que estes objetos podiam guiá-los até o recinto interno da prece e levá-los próximos do coração de Deus. Eu conheço por experiência própria o poder da oração defronte a um ícone. Houve muitas vezes quando eu não conseguia rezar, quando estava cansado de ler os evangelhos, preocupado demais para pensamentos espirituais, depressivo para achar as palavras para Deus ou exausto para fazer qualquer coisa; mas descobri que, quando olhava para imagens, era capaz de me conectar com o amor divino imediata e intimamente. Eu passei a carregar comigo uma cópia do ícone da Santíssima Trindade de Rublev e dos *Girassóis* de Van Gogh quando viajava. Estas imagens são janelas para o coração de Deus mesmo nos momentos mais perturbadores e desesperadores[8].

Silêncio
A Palavra de Deus não dá frutos sem o silêncio. Um dos aspectos mais depressivos da vida contemporânea é a ausência quase total do silêncio. Eu me pergunto se a Palavra de Deus pode ser realmente recebida no centro do nosso coração porque nossas conversas, o barulho e as interações eletrônicas bloqueiam continuamente o caminho para o coração. Como Ambrósio de Milão disse: "Pelo silêncio eu vi muitos salvos, pelas palavras nenhum".

---

8. Para mais informações sobre o método de rezar com ícones de Nouwen, cf. *Behold the Beauty of the Lord*: Praying with Icons. Op. cit.

E como São Serafim de Sarov afirmou: "O silêncio é um mistério do mundo que há de vir; as palavras são instrumentos deste mundo"[9].

Todos os místicos concordam que o silêncio é o caminho mais importante para a formação espiritual. Eu nunca encontrei ninguém que estivesse seriamente interessado na vida espiritual e que não possuía um desejo cada vez maior pelo silêncio. Aqueles que procuram pelo Espírito da verdade se tornam mais conscientes que "como mundo de iniquidade, a língua está posta entre nossos membros, e contamina todo o corpo" (Tg 3,6). Enquanto nosso coração e nossa cabeça estiverem cheios de nossas próprias palavras, não haverá espaço para a Palavra entrar no fundo de nosso coração e dar frutos. Em silêncio, e através dele, a Palavra de Deus vai da cabeça para o coração; aí nós podemos ruminá-la, mastigá-la, digeri-la e permitir que ela se torne sangue e carne em nós. Este é o significado da *meditação*. Sem o silêncio a Palavra não pode se tornar nosso guia interior; sem meditação ela não pode construir seu lar em nosso coração e conversar conosco de lá.

Este caminho para o coração, pela Palavra em silêncio, não é um dos mais fáceis. Muitas vezes nós nos distraímos ou ficamos confusos: nós não sabemos quais experiências internas podemos confiar ou desconfiar, quais eventos devem ser seguidos ou não. Ir da cabeça para o coração, enveredar pelo caminho da formação espiritual, não é algo

---

9. WARE, T. (org.). *The Art of Prayer*. Op. cit., p. 27.

livre de armadilhas. É por isso que aqueles que levam a vida espiritual seriamente sempre procuram orientação. Algo muito interessante que tem aparecido nos últimos anos é o surgimento de centros onde há pessoas treinadas na orientação espiritual. Há uma grande procura pela liberdade interior, e assim cada vez mais necessidade de pessoas que possam ajudar com a tarefa de discernimento, de distinguir o Espírito Santo dos espíritos profanos. É nisso que a orientação espiritual pode nos ajudar muito.

A *lectio divina*, o silêncio, o discernimento e a orientação espiritual são elementos centrais à formação espiritual. Seja qual for a "escola de oração" utilizada, todas elas enfatizam que a Palavra de Deus deve ser recebida em solidão e silêncio, e sob o olhar atento de um orientador competente. Isto não é tudo que pode ser dito sobre a formação espiritual; de fato, isto pode até ser enganoso porque pode sugerir que a formação espiritual é algo extremamente individual. Eu leio a Palavra sozinho; fico em silêncio; converso com um orientador que me ajudará a caminhar pelo caminho do coração. Mas isso não é suficiente. A formação espiritual não é um exercício de devoção privada, mas de espiritualidade grupal. É verdade que temos experiências pessoais do divino, mas juntos somos o povo de Deus.

A jornada exterior para a comunidade

A formação espiritual requer não somente uma *jornada interior* para o coração, mas também uma *jornada exterior* para a comunidade e o ministério. A espiritualidade cristã é essencialmente comunal; a formação espiritual é formação em comunidade. A vida pessoal de um indivíduo não pode ser entendida em separado de sua vida em comunidade. A oração na vida espiritual leva à comunidade e a comunidade à oração. Nós aprendemos em comunidade o significado de confessar nossas fraquezas e de perdoar uns aos outros. Descobrimos em comunidade nossas feridas e suas curas. Aprendemos em comunidade a verdadeira humildade. Sem a comunidade nós nos tornamos individualistas e egocêntricos. Assim sendo, a formação espiritual sempre inclui a formação para a vida em comunidade.

A reflexão sobre o coração, a *lectio divina*, o silêncio, o discernimento e a orientação florescem no contexto da comunidade espiritual e da tradição de fé. Ler a Palavra de Deus e escutá-la silenciosamente não é uma técnica particular ensinada por um mestre, praticada em solidão e que leva à perfeição pessoal. O orientador espiritual não é um guru cuja autoridade se baseia na iluminação pessoal, mas uma pessoa de fé e um companheiro de discernimento que escuta bem e reza conosco. Creio que a espiritualidade cristã e muitas religiões orientais diferem neste ponto.

A espiritualidade cristã não vem só da comunidade. Ela alimenta a vida do Espírito em nós, dentro de nós e entre nós. O Espírito de Deus habita no centro do nosso coração e no centro da nossa vida em comunidade. Aquilo que é mais pessoal também é comum; aquilo que é mais íntimo também é público; aquilo que mais nutre nossa vida pessoal também alimenta nossa existência em comunidade, como povo de Deus que vive e age por tudo e todos que sofrem. A prece e a comunidade sempre vão juntas porque o mesmo Espírito que reza em nós é o mesmo que nos mantém juntos em seu chamamento de amor aos outros e de trabalhar pela renovação do mundo.

A comunhão espiritual é uma qualidade do coração que nos permite desmascarar as ilusões de nossa sociedade competitiva e de ver a verdadeira realidade. Em e através da comunidade reconhecemos as outras pessoas como irmãos e irmãs em Cristo, filhos e filhas de Deus. Porque ela é uma qualidade do coração, a comunidade não pode ser identificada com nenhuma instituição. A comunidade é um dom do Espírito que se apresenta de vários modos: em silêncio e em palavras; quando escutamos e quando falamos; na vida em grupo e na vida em solidão; bem como em muitas formas de cultos religiosos e ministério ativo.

Serviço
Servir significa ministrar, amar e cuidar dos outros, e assim reconhecê-los no coração de Deus. Um verdadeiro discípulo de Jesus sempre irá para onde as pessoas se sentem enfraquecidas, desiludidas, doentes, com dor, pobres, solitárias, esquecidas, ansiosas e perdidas. É muitas vezes difícil ir a lugares onde há fraquezas e rejeições e oferecer consolação e conforto. Isso só é possível quando descobrimos a presença de Jesus entre os pobres e fracos

e nos damos conta das grandes dádivas que eles oferecem. A formação espiritual sempre requer responder de coração às necessidades dos pobres num espírito de verdadeira compaixão.

Já que muitas pessoas têm uma tendência em entender a formação do coração em termos individualistas, é importante lembrar que a comunidade leva ao ministério e o ministério significa servir ao povo de Deus. Ela nunca pode ser reduzida a modelos psicológicos que defendem as relações um a um como sendo centrais. Quando as disciplinas da Palavra, do silêncio e da orientação são praticadas num meio individualista, pode ser que elas nada mais façam que nutrir as tendências narcisistas e reforçar o egoísmo espiritual.

A Palavra de Deus é primeiramente para a leitura em comunidade, o silêncio é primeiramente parte da nossa vida em grupo, a direção espiritual precisa ser primeiramente entendida e experimentada como parte da direção da comunidade, o ministério é a vocação dada e conduzida em nome da comunidade de fé. A formação espiritual significa uma contínua formação do coração em vida comunitária e expressa a serviço do mundo.

A formação espiritual: o caminho da liberdade

A melhor maneira de articularmos a importância da formação espiritual para os tempos modernos é entendê-la como o caminho do coração, o caminho da liberdade. Este caminho vai da solidão com Deus para a comunidade com o povo de Deus, para seu ministério e para todos. O caminho do coração é o caminho da verdade e "a verdade vos libertará" (Jo 8,32).

Quando Jesus deixou seus discípulos Ele disse: "Vos convém que Eu vá; porque, se Eu não for, o Consolador não virá a vós; mas, quando Eu for, vo-lo enviarei... Ele vos guiará em toda a verdade" (Jo 16,7.13). O Espírito da verdade nos liberta de nossa ignorância e ilusões, as quais são fontes de nossa escravidão. A ignorância faz com que aceitemos o que não pode ser aceito e nos dá esperanças de mudanças onde elas não podem ocorrer. A ilusão nos faz lutar por um novo mundo como se pudéssemos criá-lo e controlá-lo; ela nos faz julgar nossos vizinhos como se tivéssemos a última palavra. A ignorância e a ilusão nos mantêm emaranhados no mundo e nos causam sofrimentos e tristezas, mas o caminho do coração nos leva à liberdade.

A vida espiritual é a vida na qual somos libertados pelo Espírito de Deus para que possamos desfrutar da vida em toda sua plenitude. Através do Espírito podemos "estar no mundo sem ser parte dele"; podemos agir livremente sem estarmos presos por falsos apegos; podemos falar livremente sem medo de rejeição; e podemos viver com paz e alegria mesmo quando em meio ao conflito e à tristeza.

Foi esse Espírito que libertou os discípulos de Jesus para viajar grandes distâncias e pregar entusiasticamente a Palavra de Deus mesmo quando isso levava à perseguição, à prisão e à morte. É esse Espírito que nos dará a liberdade para viver nessa sociedade guiada pela morte e a testemunhar a nova vida que nos é dada através de Jesus Cristo. A formação espiritual nos prepara para uma vida na qual nós deixamos nossos medos, compulsões, ressentimentos e tristezas para trás, para uma vida na qual servimos com alegria e coragem no mundo, mesmo quando isto nos leva onde preferimos não ir. A formação espiritual nos ajuda a ver a face de Deus num mundo duro e em nosso próprio coração. Esta liberdade nos ajuda a utilizar nossa vida e habilidades em esforço para tornar visível a face de Deus a todos aqueles que ainda vivem em servidão e medo. Como Jesus disse a seus discípulos: "Se, pois, o Filho vos libertar, verdadeiramente sereis livres" (Jo 8,36).

Os próximos capítulos traçam as polaridades interiores dentro dos movimentos da cabeça para o coração, mas vão além disso. Eles identificam condições da experiência humana – a opacidade, a ilusão, a tristeza, a mágoa, o medo, a exclusão e a negação – e articulam o chamado a oração, movimento e formação espiritual. Quando seguimos os movimentos internos da vida espiritual, somos continuamente guiados pelo Espírito de Deus para o coração, para o lugar onde podemos ser completos.

Henri Nouwen

Parte I

Os primeiros movimentos

1

Da opacidade para a transparência

> **A xícara vazia**
> Há uma estória sobre um professor universitário que foi a um mestre Zen para lhe fazer perguntas sobre o Zen. Nan-in, o mestre Zen, ofereceu-lhe um chá. Ele encheu a xícara do visitante; depois continuou e o chá começou a se derramar. O professor olhava o que acontecia até o momento quando não pode se conter: "Ela está transbordando. Não cabe mais!" Nan-in respondeu: "Assim como esta xícara, você está cheio de opiniões e indagações. Como posso lhe ensinar o Zen se você não esvazia sua xícara?"
> (*101 Zen Stories* [101 fábulas Zen], uma compilação de 1919 Zen Koans da Era Meiji (1868-1912) do Japão)[1].

A formação espiritual começa com a gradual e muitas vezes dolorosa descoberta que Deus não pode ser compreendido devido aos mistérios e limitações que a vida nos impõe. Nós podemos ser competentes em vários tópicos, mas não podemos nos tornar peritos nas coisas divinas.

---

1. Apud NOUWEN, H. *Out of Solitude*: Three Meditations on the Christian Life. [s.l.]: Ave Maria Press, 1974, p. 42 [O fruto da solidão – Três meditações sobre a vida].

Deus é muito maior que nossa razão e não pode ser capturado em conceitos finitos. A formação espiritual não leva a um entendimento arrogante do divino, mas a *docta ignorantia*, a um "não saber articulado".

Deus não pode ser contido

Deus não pode ser "capturado" ou "compreendido" por uma ideia, conceito, opinião ou convicção em particular. Deus não pode ser definido por uma única emoção ou sensação espiritual. Deus não pode ser identificado por bons sentimentos, intenções corretas, fervor espiritual, generosidade de espírito ou amor incondicional. Todas essas experiências podem nos lembrar da presença divina, mas a falta delas não é prova de sua ausência. Deus é muito maior que nossa razão e coração; assim sendo, temos que evitar o uso de pequenos e finitos conceitos bem como de pequenas e finitas emoções quando tentamos identificá-lo.

É difícil aceitar esta realidade numa cultura que sugere que somos capacitados para dominar uma disciplina, definir todo conhecimento e controlar nossos destinos. Os médicos, advogados e psicólogos estudam para se tornar profissionais qualificados e são pagos por saberem o que fazem. Um teólogo ou ministro bem treinado só é capaz de identificar tendências universais que restringem Deus dentro de nossas pequenas concepções e expectativas ao mesmo tempo em que pedem que mantenhamos a mente e o coração abertos para que Deus se revele.

Como nós, assim como o professor da parábola, podemos procurar este Deus que não pode ser compreendido? Quando estamos dispostos a esvaziar nossa xícara e a não usar nossas experiências pessoais como critério para nossas relações com outras pessoas, nesse momento poderemos ser capazes de entender que a vida é maior que nossa vida pessoal, que a história é maior que a história de nossas famílias, que a experiência é maior que nossas experiências individuais e que Deus é muito maior que nosso deus.

A reflexão teológica e a formação espiritual requerem um "não saber articulado" e um vazio receptivo para que Deus possa se revelar. Do mesmo modo que a teologia nos pede para esvaziarmos nossa xícara para que possamos abrir nossa mente para a incompreensibilidade de Deus, a espiritualidade nos pede para esvaziarmos nossa mente para que nosso coração receba a vida como uma dádiva a ser vivida. Mais que nossa cabeça é o nosso coração que deve ser esvaziado para que o Espírito possa entrar e preenchê-lo. Este processo de autoesvaziamento e de preenchimento espiritual é chamado de *formação espiritual*; quer dizer, o desenvolvimento gradual do coração de Deus na vida de um ser humano guiado pela prece contemplativa, comunidade inclusiva e ministério compassivo.

A prece contemplativa faz a nebulosidade se esvair

Para aqueles que rezam com o coração, o mundo perde sua *opacidade* e se torna *transparente*; ou seja, o mundo das experiências começa a atingir a Fonte luminosa de sabedoria e entendimento, o mundo translúcido do Espírito de Deus. Contemplar é *ver*, é tornar visível aquilo que está escondido da visão comum.

Evágrio Pôntico, um dos Padres do Deserto, influenciou muito a espiritualidade monástica no Ocidente e no Oriente; ele chamava a contemplação de *theoria physike*, que significa visão (*theoria*) da natureza real das coisas (*physike*). A pessoa contemplativa é aquela que *vê* as coisas como elas realmente são, que vê a verdadeira conexão entre todas as coisas, que conhece bem "quais são as primícias" (como Thomas Merton costumava dizer). Para atingir esta visão é necessário disciplina espiritual. Evágrio chama esta disciplina de *pratike*, da retirada das vendas que nos impedem de ver claramente. Merton conhecia bem os ensinamentos de Evágrio e expressou esta mesma ideia quando disse que a vida contemplativa é uma vida na qual nos movemos constantemente da opacidade para a transparência, do lugar onde as coisas são escuras, duras e impenetráveis para o lugar onde elas são translúcidas, abertas e nos oferecem uma visão que vai além de nós mesmos[2].

A prática de preces contemplativas nos revela a verdadeira natureza das coisas; ela desmascara a ilusão do con-

---

[2]. De acordo com Nouwen, Merton argumentou isso numa conferência monástica na Gethsemane Abbey (Abadia de Getsêmani). Cf. *Clowning in Rome*. [s.l.]: [s.e.], [s.d.], p. 89 [Pobres palhaços em Roma].

trole, a atitude possessiva sobre coisas materiais e a pretensão do falso "eu". Para aqueles que praticam a oração contemplativa o mundo (*mundus*) deixa de ser opaco ou escuro e se torna algo novo e transparente; a "nova terra" brilha a partir de suas qualidades inerentes. Viver espiritualmente no mundo é desmascarar a ilusão, dissipar a escuridão e caminhar na luz.

Assim como uma janela não é real se não podemos ver através dela, nosso mundo não pode nos mostrar sua verdadeira natureza se permanecer opaco e não nos direcionar para além de si mesmo. No processo de formação espiritual toda a vida pode se tornar uma *theoria physike*, uma visão clara da natureza das coisas. O Espírito de Deus nos mostra continuamente como ir da opacidade para a transparência a partir de três relacionamentos fundamentais: nosso relacionamento com a *natureza*, com o *tempo* e com *outras pessoas*.

Como a natureza se transforma

Nas últimas décadas nós nos tornamos muito conscientes da importância de nosso relacionamento com a natureza. A natureza esconde grandes segredos que só nos são revelados se escutarmos cuidadosamente e assumirmos a espiritualidade em sua verdadeira forma.

John Henry Newman entende o mundo visível como um véu "e assim tudo que existe ou acontece visivelmente esconde, sugere e, acima de tudo, está a serviço de um sistema maior de pessoas, fatos e eventos que vão além de si mesmos"³. Como viveríamos de forma diferente se estivéssemos sempre conscientes deste véu e pudéssemos sentir em todo o nosso ser que a natureza deseja que escutemos e vejamos a grande estória do amor divino representado por ela.

Quando nos relacionamos com as árvores, os rios, as montanhas, os prados e os oceanos como se fossem objetos que podemos usar para suprir nossas necessidades, reais ou inventadas, a natureza é opaca e não nos revela seu verdadeiro ser. Quando a árvore é nada mais que uma cadeira em potencial, ela cessa de nos contar sobre o crescimento; quando o rio é nada mais que uma lixeira para dejetos industriais, ele cessa de nos falar sobre o movimento; e quando a flor é nada mais que um modelo para uma versão plástica de decoração, ela não nos diz muito sobre a beleza da vida. Nossos rios imundos, céus cheios de fumaça, colinas assoladas por minas e florestas devastadas são manchas opacas em nossa sociedade; elas se manifestam pela poluição e desastre ecológico e revelam um falso relacionamento para com a natureza.

É triste saber que muitos não acreditam no ministério da natureza para conosco. Nós tendemos a limitar nosso entendimento do ministério como um trabalho entre pessoas. Prestaríamos um grande serviço ao mundo se permitíssemos a natureza curar, aconselhar e ensinar no-

---
3. NEWMAN, J.H. *Essays Critical and Historical.* Vol. 2. [s.l.]: Longmans, Green and Co., 1901, p. 192.

vamente. Nossa difícil e urgente tarefa é pararmos de ver a natureza como nossa propriedade, como um bem a ser conquistado, como um objeto a ser usado e passar a vê-la em sua verdadeira beleza e glória. Por exemplo, quando pego uma flor, ela murcha em minha mão. A flor não deve ser apanhada, mas pacientemente ponderada; só assim ela revelará para nós sua verdadeira beleza. Um amigo uma vez me deu uma fotografia linda de um lírio d'água. Eu lhe perguntei como ele tirou uma fotografia tão linda. E ele me respondeu sorrindo: "Bem, eu tive que ser muito paciente e atento. Foi apenas após algumas horas de adulação que o lírio me deixou tirar uma fotografia".

Quando contemplamos a criação ao invés de manipulá-la, podemos ver a natureza como uma dádiva de Deus que deve ser celebrada e cuidada. Quando recebemos com gratidão e admiração aquilo que Deus criou em nosso coração, vemos a natureza como ela realmente é; quer dizer, uma realidade transcendente, que pede reverência e respeito. Quando ela se torna transparente a vida começa a falar uma nova linguagem e nos revela a bondade e a beleza de Deus. As plantas e os animais com os quais vivemos nos ensinam sobre o nascimento, o crescimento, a maturação e a morte; eles nos ensinam sobre a necessidade de cuidar e sobre a importância da paciência e esperança.

Esta é a base sacramental de qualquer ecologia benfazeja. O pão é mais que mero pão; ele identifica o Um que dividiu o pão com seus amigos. A água é mais que mera água; ela identifica nosso nascimento espiritual. O vinho é mais que o mero fruto da vinha transformado por mãos humanas; para nós ele se torna o sangue de Cristo, o cálice da salvação. Todos os elementos lembrados pela Eucaristia vão além de si mesmos e identificam nossa recriação. Comidas e bebidas, roupas e lares, montanhas e rios, oceanos e céus, tudo se torna transparente quando a natureza se revela para aqueles com olhos que veem a face amorosa de Deus.

Como o tempo é transformado
Uma segunda relação conectada ao contínuo movimento de opacidade para transparência diz respeito à nossa maneira de ver o tempo. Dentro do processo de formação espiritual não é apenas a natureza que é recalibrada, a qualidade do tempo também sofre ajustamentos.

O tempo é um constante inimigo em potencial. Ele nos escraviza. Nós dizemos: "Eu queria poder fazer todas as coisas que tenho que fazer, mas eu simplesmente não tenho tempo. Pensando nas coisas que tenho de fazer hoje – fazer compras no supermercado, praticar um instrumento musical, terminar de escrever um trabalho, ir à escola, fazer algumas chamadas telefônicas, visitar um amigo, fazer meus exercícios de meditação – só de pensar em todas essas coisas me cansa". A questão mais perguntada hoje em dia é: "Eu sei que você está muito ocupado, mas você teria um minuto?" E muitas decisões importantes são feitas enquanto "comemos alguma coisa". De fato, parece que não temos tempo para nada e que o tempo nos controla.

Quando experimentamos o tempo como *chronos* (cronologia), os eventos da nossa vida não são mais que uma série de incidentes e acidentes conectados ao acaso sob os quais não temos nenhum controle. O tempo se tornou opaco, escuro e impenetrável. Não podemos *ver* aquilo que dá coerência à nossa estória. Decepções, desemprego, perdas materiais, doença e morte são experimentadas como perturbações sem sentido que devem ser negadas e evitadas se possível. Quando o tempo é apenas *chronos*, não temos tempo para todas as coisas que precisamos fazer e nossa programação se torna um peso. O tempo está acabando e a vida é desgastante. Não há tempo para as amizades, para a bênção e para a celebração.

O tempo precisa ser transformado de *chronos* para *kairos*; ele precisa ser uma oportunidade para as mudanças do coração. A vida espiritual é o processo de formação pelo qual o tempo perde sua opacidade e se torna transparente. Quando começamos a ver que eventos diários, semanais ou anuais não são obstáculos para uma vida plena e significativa, mas o caminho para isso, experimentamos uma verdadeira conversão. Quando descobrimos que escrever cartas, ir à escola, visitar os amigos, cozinhar ou lavar a louça não são atividades ao acaso e que elas contêm o poder transformador de recriação, passamos a viver o tempo não como *chronos*, mas como *kairos* (quer dizer, tempo certo, verdadeiro momento, oportunidade para mudança ou única). Quando nosso tempo se torna *kairos*, um número infinito de novas possibilidades e oportunidades se abrem para nós.

Na vida e no ministério de Jesus todos os eventos são reconhecidos como sendo *kairos*. Ele abre seu ministério público com as seguintes palavras: "O *tempo* está cumprido..." (Mc 1,15). Vive cada momento de sua vida como uma oportunidade para fazer algo novo. Depois de apenas três anos e meio ele anuncia que seu *tempo* chegou e que entra sua última hora. E quando sua morte física se transforma em vida ressuscitada, Jesus transforma a história humana; ela deixa de ser uma mera cronologia e passa a ser *kairos* – o tempo divino, onde passado, presente e futuro se fundem no momento presente.

Quando o tempo se transforma e aquilo que é opaco se torna transparente, começamos a reconhecer a atividade divina, moldando o mundo e nossa vida pessoal para que se tornem lembranças vivas do amor de Deus. Quando proclamamos nas escrituras: Este é o mundo de Deus; o tempo está nas mãos de Deus, algo profundo acontece porque a história passa a ter propósito: "Todas as coisas contribuem juntamente para o bem daqueles que amam a Deus" (Rm 8,28). Aquilo que parece ser pequenos pedaços de mármore, na verdade são tendências no mosaico do trabalho do divino em nossa existência. Com os olhos da fé podemos aprender com os eventos de nossa vida e podemos receber acontecimentos como se viessem das mãos de Deus. Mesmo tempos difíceis e dolorosos podem ser convertidos em oportunidades de aprendizado, em influências transformadoras que nos moldam e que nos levam à Fonte de bondade e salvação.

A vida espiritual não é uma vida que nos oferece alguns bons momentos entre muitos maus; ela é uma vida plena que transforma todos os momentos em janelas através das quais o invisível se torna visível.

Como as pessoas são transformadas

Para aqueles que oram não é apenas a natureza e o tempo que perdem sua opacidade; talvez mais importante seja o fato das *pessoas* se tornarem cada vez mais transparentes. É aqui que a importância da contemplação como *theoria physike* (quer dizer, ver as verdadeiras conexões) se torna mais evidente.

Nossa sociedade torna fácil ver as pessoas como entes transparentes porque somos condicionados a nos relacionar com indivíduos como se fossem personagens (diferentes, interessantes, não interessantes) e a usá-los de acordo com nossas necessidades e desejos. Nós muitas vezes pensamos: "Ah, ela é boa nisso e ele é bom naquilo, então eu os manipularei, explorarei e usarei de acordo com estas valiosas funções".

Uma das nossas maiores tentações é sermos seletivos com as pessoas com quem nos relacionamos. Quando vemos uma pessoa que nos parece ser "interessante", queremos conhecê-la porque ela tem características especiais. Estamos sempre interessados em pessoas importantes conectadas aos esportes, entretenimento, artes e ciências. Nós lhes damos atenção especial, queremos encontrá-las, apertar suas mãos, pegar seus autógrafos ou apenas vê-las. Somos muito curiosos e intrigados com personalidades que escapam do comum: criminosos, deficientes físicos, que sofrem de impulsos patológicos ou de doenças mentais. Algumas vezes nossa atenção se dirige de maneira instintiva a eles. Nas profissões conectadas à medicina e à assistência a caracterização é algo comum. De maneira geral, tachamos as pessoas como sendo "doentes" ou "saudáveis", "estáveis" ou "deturpadas", "viciadas" ou "codependentes" e assim por diante. Nos círculos religiosos geralmente dividimos as pessoas em dois campos: "crentes" e "descrentes", "que vão à igreja" e "que não vão à igreja", "conservadores" e "progressistas", "ortodoxos" e "não ortodoxos", "santos" e "pecadores". A caracterização é algo comum, mas que restringe. A tachação é algo sempre limitante. Ela revela nossas próprias inseguranças e nos dá um falso entendimento da verdadeira natureza das outras pessoas.

Um professor é muito mais que um professor assim como um técnico em computação e um mecânico são muito mais que suas profissões. Uma pessoa é muito mais que seu caráter ou aparência. Se você se relaciona comigo apenas como alguém que pode fazer algo para você ou como alguém que você pode usar para alcançar seus próprios propósitos, então não lhe mostrarei o meu verdadeiro "eu". Vou me tornar defensivo, suspeito, cuidadoso e poderei esconder meus verdadeiros sentimentos e opiniões. Mas se você puder ver em mim algo mais que meu caráter, se você puder ver em mim uma *pessoa* única, então paulatinamente me comunicarei com você de maneira mais profunda e poderei lhe contar meus segredos.

A palavra *pessoa* vem do francês arcaico *per-sonare*, que significa "ressonar através". Nossa missão espiritual é resistir à tentação de tachar outros seres humanos por suas personalidades ou aparências e vê-los como pessoas que "ressonam" uma realidade maior, a qual eles não conhecem totalmente. Como pessoas nós ressonamos um amor maior que não podemos compreender, uma verdade mais profunda que não podemos articular, uma beleza mais rica que não podemos conceber.

Quando contemplamos, vemos toda a vida como uma dádiva e assim reconhecemos todas as pessoas que fazem parte dela como sendo os maiores presentes de Deus. Elas não são mais personagens, tornam-se pessoas com as quais podemos entrar em comunhão e por meio das quais podemos falar com Deus. Quando nos tornamos pessoas, transcendemos as limitações de nossos personagens individuais e atingimos um propósito maior como povo de Deus. Como pessoas únicas criadas por Deus, somos chamados a ser transparentes para os outros, a irmos além de nós mesmos e apontarmos na direção do Um que nos dá amor, verdade e beleza.

A formação espiritual requer a contínua disciplina da oração para que possamos ir da opacidade para a transparência; esta disciplina transforma o mundo da escuridão num mundo de luz transcendente. A natureza não é mais algo a ser controlado, mas uma dádiva a ser recebida e compartilhada. O tempo não é mais uma série de eventos ao acaso, mas uma oportunidade permanente para mudanças no coração. Quando o tempo é transformado de *chronos* em *kairos* (e de história para a estória dele), podemos viver no presente e em paz. E quando as pessoas não são mais personagens interessantes a serem encontradas ou exploradas para nossos ganhos, mas pessoas "ressonando" mais do que contêm, elas podem ser amadas, protegidas e entendidas. A prece contemplativa nos ajuda a remover nossas vendas e a ver o mundo como ele realmente é; ele é *sacramentado*, conectado e constantemente nos revela o grande amor divino.

Contemplação e ministério
A oração contemplativa muitas vezes nos leva a um encontro íntimo com o amor divino revelado por Jesus. Esse tipo de experiência nós dá a sabedoria que Deus não está contra nós, mas a nosso favor; não está longe de nós, mas conosco; não está fora de nós, mas profundamente em nós. Quando tomamos um momento para refletir num lugar silencioso, nossas mentes e corações se centram, e com isso se aprofundam e se tornam mais abrangentes, acolhedores e receptivos para a eternidade da vida em sua totalidade. É neste contínuo processo interior de conscientização da eterna inclusão divina que achamos nossa verdadeira liberdade.

De acordo com Evágrio, a prática da *theoria physike* (contemplação da verdadeira natureza das coisas) chega a seu apogeu na *theologia* (conhecimento direto de Deus). Na *theologia* vamos além do entendimento da natureza das coisas e entramos em uma comunhão muito íntima com Deus, com a Santíssima Trindade. A *theologia* é a maior dádiva de todas, é a graça da completa união, silêncio e paz. Ela é o nível mais alto da vida espiritual porque nos permite transcender a criação e experimentar a elevação do nosso ser para a vida interior de Deus[4]. Esta experiência apologética acontece com muita raridade; e mesmo aqueles que conseguem ver das alturas precisam voltar à terra e não contar o que viram (Lc 9,36). Para a maioria de nós, a maior parte de nossa vida não se passa nas alturas, mas na terra. E é na terra que somos chamados a orar nesta forma de ministério vivo.

Quando desmascaramos as ilusões que nos rodeiam, as vidas que tocamos também se iluminam. Quando o mundo não é mais um lugar escuro e opaco para nós, outras pessoas também começam a ver a luz. Alguém pode dizer: "Você vê algo em mim que eu não consigo ver". E você pode responder: "Sim, eu vejo uma grande beleza irradiando de você. Quando te encontro eu vejo muito amor e tenho um senso de respeito". Muitas vezes nós irradiamos para as outras pessoas realidades que elas mesmas não veem ou entendem completamente. O ministério é a maneira pela qual nós tornamos o mundo mais transparente

---

[4]. Na conclusão de *Clowning in Rome*, Nouwen descreve a *theologia* e a doutrina mística da "visão beatífica", na qual distinções teológicas desaparecem: "Neste tipo de experiência a distinção entre o ministério e a contemplação desaparecem porque não há vendas a serem removidas e tudo pode ser visto" (p. 107).

para as outras pessoas; assim o mundo fala a respeito de Deus e as pessoas são iluminadas pelo amor divino.

Há algo muito bonito nisso, algo se escondendo no fundo à espera daqueles que têm olhos para ver e ouvidos para ouvir. O ministério ajuda as outras pessoas a abrirem seus olhos e ouvidos; o ministério torna o nebuloso e opaco algo claro e bonito. Aquilo que experimentamos em prece, proclamamos aos outros: "Você é uma pessoa muito mais amorosa do que pensa. Há algo mais bonito na natureza que você vê. Há algo mais acontecendo em sua vida e você ainda não consegue ver isso".

A contemplação limpa a cabeça e abre o coração para receber a verdade, beleza e sabedoria de Deus. As ilusões da vida são desmascaradas e a verdadeira visão da realidade se torna uma possibilidade. A escuridão é dissipada e a luz divina brilha. O mundo perde sua opacidade e se torna transparente. A natureza e o tempo se transformam e as pessoas são transfiguradas. *Deus renova todas as coisas.*

APROFUNDAMENTO: EXERCÍCIOS PARA A FORMAÇÃO ESPIRITUAL

Reflexão

1) Imagine sua vida como uma xícara transbordando de opiniões, ideias e atividades. Faça uma lista das muitas distrações que você poderia pedir em oração para Deus remover a fim de ter um melhor entendimento de sua vida e do mundo de Deus.

2) Nouwen escreveu em *Clowning in Rome* (Pobres palhaços em Roma) que "aqueles que são sensíveis aos grandes problemas ecológicos que enfrentamos hoje em dia e que lutam contra isso tentando remover a opacidade da natureza" alcançam um verdadeiro ministério porque permitem não apenas que as pessoas, mas também as plantas e animais, ensinem-nos sobre o ciclo da vida, curem nossa solidão e nos mostrem o grande amor divino. O movimento da opacidade para a transparência dentro do contexto de nossa relação com a natureza não nos leva apenas a contemplar mais profundamente o mundo ao nosso redor, ele também nos leva a expandir nosso ministério pelo mundo"[5]. Como pode este discernimento transformar nosso ministério de cuidado, ensino, cura, aconselhamento, culto e assim por diante?
3) Pense numa ocasião quando alguém viu algo em você que você mesmo/mesma não podia ver. Reflita se esta experiência lhe permitiu expandir sua própria percepção. Como poderia o fato de Deus lhe ver como "amoroso/amorosa" transformar sua vida? Você poderia se ver como alguém por meio do qual Deus se irradia?

Visio divina: a Transfiguração

Uma maneira de orar contemplativamente é admirar a beleza do Senhor no ícone bizantino da "Transfiguração"

---
[5]. NOUWEN, H. *Clowning in Rome*. Op. cit., p. 94.

(c. 1403), localizado em Pereslavl, Rússia, pintado por Teófano, o Grego. Este tipo de atividade pode ser chamada de *visio divina*. No Evangelho de Lucas, Jesus sobe uma montanha acompanhado de Pedro, João e Tiago para rezar. No topo da montanha, tudo aquilo que estava nebuloso se tornou claro: "E, estando Ele orando, transfigurou-se a aparência do seu rosto, e sua roupa ficou branca e muito resplandecente". A glória de Deus atravessou a escuridão e aqueles que estavam com Ele viram a luz de sua divina majestade brilhando através de seu véu servil. Paulatinamente, eles se conscientizaram que eram chamados a pregar as palavras que ouviram no topo da montanha: "Este é o meu amado Filho; a Ele ouvi" (Lc 9,28-35).

O ícone da "Transfiguração" foi inspirado em imagens dos evangelhos e foi concebido com o único propósito de facilitar o acesso ao santuário interior da oração e nos levar mais próximo do coração de Deus. Os ícones nos oferecem um limitado, mas verdadeiro acesso à luz eterna de Deus e à nossa própria iluminação espiritual. No visível nós admiramos o mistério do invisível. O ato de orar e contemplar o ícone nos oferece uma oportunidade de "ver" mais claramente a verdadeira natureza das coisas. Assim, quando contemplamos a imagem da "Transfiguração", tentamos ver seu luminoso esplendor, sentir sua majestade, apreciar sua textura colorida, estudar suas formas e simetrias, ponderar a comunhão de Jesus, Moisés e Elias, bem como compreender a reação de seus discípulos. Após isso, tentamos entender o mistério da transformação ocorrido no topo da montanha na presença de Jesus; foi lá que a conhecida face de nosso mestre foi revelada numa nova luz.

Quando admiramos a beleza do Senhor, aquilo que é opaco se torna transparente; a natureza, o tempo e as pessoas se transformam; e nós mesmos somos transfigurados.

2

Da ilusão para a prece

> **A árvore inútil**
> Um carpinteiro e seu aprendiz caminhavam juntos por uma grande floresta. Quando passaram perto de uma árvore linda, muito antiga, alta, grossa, nodosa e retorcida, o carpinteiro perguntou a seu aprendiz: "Sabe por que esta árvore é assim?" O aprendiz olhou para seu mestre e respondeu: "Não, por quê?
> O carpinteiro disse: "Bem, porque ela é inútil. Se tivesse sido útil, já teria sido cortada e transformada em mesas e cadeiras. Como é inútil pode ficar assim tão alta e bonita para que possamos nos sentar a sua sombra e relaxar" (Adaptado de CHUANG TZU. The Inner Chapters (capítulos interiores)[6].

A formação espiritual é um chamado para a vida de discípulo, seguindo Jesus para tornar-se seu verdadeiro irmão ou irmã; filho ou filha de Deus. Quando nos entregamos a Jesus, nos entregamos aos outros, estamos com Ele no Pai Celestial. Quando encontramos nosso lar

---

6. Apud Nouwen em *Out in Solitude* (O fruto da solidão), p. 23. Adaptado do "Tale of the Useless Tree". *The Inner Chapters*, de autoria do filósofo chinês do século IV, Chuang Tzu.

em Deus, podemos viver no mundo sem obsessões, compulsões e vícios.

A vida de discípulo pede disciplina. De fato, os termos *discípulo* e *disciplina* têm a mesma raiz linguística (o latim *discere* que significa "aprender de") e devem ser entendidos em conjunto. Quando ela não está interligada à vida de discípulo, leva a um formalismo rígido; e ao contrário, leva a um romantismo sentimental. Assim sendo, precisamos nos esforçar muito para lidar com as coisas terrenas enquanto levamos nosso coração e cabeça a Deus. As várias disciplinas da vida espiritual nos libertam e criam espaço para Deus em nossa vida; escutamos sua voz, sentimos sua presença e experimentamos sua vontade. Nossa vida fica muito limitada sem este espaço para Deus; escutamos e vemos cada vez menos, tornamo-nos doentes espirituais, ficamos restritos e algumas vezes iludidos. O único remédio para isto é a prática intencional da prece e da meditação.

O que é a prece?

A oração é o esforço intencional, concentrado e regular visando criar um espaço para Deus. Todas as coisas e pessoas ao nosso redor parecem preencher nossa vida; elas nos ocupam e às vezes nos preocupam. Quando deixamos nossa cabeça e coração serem preenchidos por aquilo que olhamos, ouvimos, lemos, por pessoas que devem ser visitadas e com quem temos de conversar e nos preocupar, como podemos nos centrar? Quando tantas coisas nos empolgam e nos deprimem, como podemos dar espaço para aquele que nos diz: "...buscai primeiro o Reino de Deus, e sua justiça, e todas estas coisas vos serão acrescentadas. Não vos inquieteis, pois, pelo dia amanhã, porque o dia de de amanhã cuidará de si mesmo" (Mt 6,33-34).

A vida sem um espaço calmo para o divino pode facilmente se tornar cheia de ilusões. Quando nos apegamos aos resultados de nossas ações como uma maneira de nos caracterizarmos, tornamo-nos possessivos, defensivos e dependentes de identidades falsas. Na solidão da oração podemos paulatinamente desmascarar as ilusões de nossas atitudes possessivas; descobrimos no fundo do nosso ser que o importante não é tentarmos controlar ou conquistar as outras pessoas ou coisas, mas lhes passar aquilo que nos é dado por Deus. Na solidão da prece nos conscientizamos que nossa identidade não depende daquilo que alcançamos ou possuímos, que nossa produtividade não nos define e que nosso valor não está ligado a nossa utilidade.

A prece é uma perda de tempo com Deus

O mundo geralmente nos diz: "Se você não está produzindo, você é inútil". Mas Jesus diz: "Venha e passe um pouco de tempo inútil comigo". Se pensarmos na prece apenas em termos de *utilidade* – no que ela pode fazer por mim, nos benefícios espirituais e discernimentos que ganharei, na presença divina que experimentarei – Deus tenderá a não falar conosco. Mas se não nos preocuparmos com a *utilidade* e *resultados* da prece, nos libertaremos para "perder" uma hora preciosa com Deus. Com o tempo, descobriremos que nosso "tempo inútil" nos transforma e que tudo ao nosso redor mudou.

Orar significa estar descontraído com Deus ao invés de ocupado com outras coisas. Orar significa não fazer nada útil ou produtivo na presença de Deus. Quando me coloco numa posição de não ser útil, relembro-me que se algo importante acontece pela prece, então foi Deus que causou isso. Consequentemente, passo a ter a convicção de que é Deus que traz os resultados do meu trabalho no meu dia a dia e não tenho que agir como se estivesse controlando as coisas. Tenho que trabalhar duro e fazer meus deveres da melhor maneira possível; mas posso deixar a ilusão do controle para trás e não me preocupar com os resultados. Se algo bom acontecer, posso dizer em oração: Deus seja louvado.

Orar é estar a sós com Deus
Orar sozinho é algo central à vida e ministério de Jesus. Os evangelhos nos contam quantas vezes Jesus orou sozinho e com os outros. A oração parece ser parte da rotina diária dele:

> E, tendo chegado a tarde, quando já se estava pondo o sol, trouxeram-lhe todos os que se achavam enfermos, e os endemoninhados. E toda a cidade se ajuntou à porta. E curou muitos que se achavam enfermos de diversas enfermidades, e expulsou muitos demônios, porém não deixava falar os demônios, porque o conheciam. *E, levantando-se de ma-*

nhã, muito cedo, estando ainda escuro, saiu, e foi para um lugar deserto, e ali orava. E seguiram-no Simão e os que com Ele estavam. E, achando-o, disseram-lhe: Todos te buscam. E Ele lhes disse: Vamos às aldeias vizinhas, para que eu ali também pregue; porque para isso vim. E pregava nas sinagogas deles, por toda a Galileia, e expulsava os demônios (Mc 1,32-39 – grifo meu).

Em meio a tudo que acontecia – curar os doentes, expulsar demônios, responder as perguntas de seus impacientes discípulos, viajar de cidade a cidade, pregar de uma sinagoga a outra – achamos estas palavras cândidas: "E, levantando-se de manhã, muito cedo, estando ainda escuro, saiu, e foi para um lugar deserto, e ali orava".

Quanto mais leio esta frase quase que silenciosa em meio às palavras clamorosas sobre suas atividades, mais ganho o entendimento de que o segredo de seu ministério está escondido naquele lugar silencioso onde ia orar de madrugada. Em meio a uma série de atividades que tiram o fôlego, há um momento de respiração tranquila. Em meio a muitas horas de agitação, há um momento de calmaria. Em meio a tantos envolvimentos, há um momento de retiro. Em meio à ação, há a contemplação. Após tantas coisas feitas em comunidade, vem um momento de solidão. Foi naquele lugar onde podia estar a sós que Jesus achou força para servir à vontade de Deus, e não à sua própria; para falar as palavras de Deus, e não as suas próprias; para fazer o trabalho de Deus, e não o seu próprio. Foi neste lugar que seu ministério nasceu; neste lugar onde podia estar a sós e interagir intimamente com o Pai.

Jesus se conscientizou de sua identidade e missão quando rezava a sós. Naqueles momentos experimentou a vontade e iluminação de Deus; assim, declarou que Ele o enviou e lhe comunicava o que deveria ser dito e feito. Jesus nunca desejou glória para si mesmo, e sempre se referiu a Deus: "As palavras que eu vos digo não as digo de mim mesmo, mas o Pai, que está em mim, é quem faz as obras. Eu não posso de mim mesmo fazer coisa alguma. Como ouço, assim julgo; e o meu juízo é justo, porque não busco minha vontade, mas a vontade do Pai que me enviou" (Jo 14,10; 5,30).

Para Jesus, e para nós mesmos, a oração nos dá o discernimento e a segurança de que se fizermos algo de valor (ensino, cura, organização, reforma, trabalho para o bem) nunca poderemos declarar que alcançamos isso sozinhos. Podemos reconhecer que foi uma dádiva de Deus; e o resultado das coisas está nas mãos dele. Rezar é saber que Deus é a fonte de tudo aquilo que declaramos como sendo nosso. Rezar é dizer com Jesus: "Não é a minha vontade, mas a sua. Não são minhas palavras, mas as suas. Não são meus valores, mas os seus. Não é minha glória, mas a sua. Não é em meu nome, mas no seu".

De certa maneira, já sabemos que colocamos a nossa vida em perigo e que nossas ações são vazias sem este lugar onde podemos estar a sós. Sabemos que as palavras perdem seu sentido se não há silêncio; que a conversa não faz acertos se ninguém escuta; que a aproximação não ajuda se não houver a distância. O equilíbrio tênue entre o silêncio e a palavra, entre a calmaria e a agitação, a distância e o apego, a solidão e a comunidade serve de base para a vida espiritual e assim devemos prestar muita atenção a ele.

Rezar é ir da cabeça para o coração

Teófano, o Recluso, o místico russo do século XIX já mencionado antes, sumarizou a tradição hesicasta de oração interior[7] quando disse: "Orar é ir da cabeça para o coração e lá estar defronte ao Senhor, sempre-presente e onisciente em nosso interior"[8]. Quando nossa cabeça está preenchida pelo Senhor e nosso coração está vazio, podemos levar a cabeça para o coração; para aquele ponto em nosso ser onde não há divisões ou distinções, onde somos um. Para irmos da cabeça para o coração ou do ato de "pensar constantemente" para o de "orar continuamente", temos que abraçar a solidão e o silêncio, bem como achar Deus no centro do nosso ser. É no coração que aprende-

---

7. A tradição hesicasta de oração interior começou com os Padres do Deserto no século IV, desenvolveu-se nos mosteiros do Monte Sinai e do Monte Athos, e foi abraçada pelos *startsi* (*santos*) russos do século XIX. Cf. FRENCH, R.M. (trans.). *The Way of the Pilgrim*. [s.l.]: HarperCollins, 1965. O termo *Hesychia* se refere ao estado de paz e repouso da alma quando ancorada a Deus por meio da oração. Hesichasmo (*Hesychasm*) é o método de rezar continuamente com o coração; este é um tópico popular nos cursos de formação espiritual de Nouwen.

8. Apud WARE. *Art of Prayer*. [s.l.]: [s.e.], p. 110. • NOUWEN, H. *The Way of the Heart*: Desert Spirituality and Contemporary Ministry. [s.l.]: Seabury, 1981 [O caminho do coração].

mos a escutar com atenção aquele que nos chama de "meu filho/minha filha"[9].

Se a reflexão teológica consiste na abertura de nossa cabeça para a sabedoria e verdade de Deus, a formação espiritual consiste na abertura de nosso coração a Deus e a seu povo. A reflexão teológica e a formação espiritual requerem grande percepção da divina dádiva da vida bem como práticas espirituais contínuas, as quais criam paulatinamente espaço para Deus se revelar. É apenas com este esvaziamento da cabeça e do coração que podemos receber com gratidão a vida do Espírito interior.

Como podemos ir da cabeça para o coração? Quando estou deitado na cama e não consigo dormir porque continuo pensando nos meus problemas; quando me preocupo com todas as coisas que tenho que fazer ou que não podem dar errado; quando não consigo parar de pensar num amigo em necessidade ou morrendo – o que devo fazer? Rezar? Tudo bem, mas como?

Uma maneira simples de orar é repetir vagarosamente e com muita atenção uma prece. Quanto mais praticamos esta maneira de orar, mais fácil ela se torna; começa na cabeça, mas depois passa a ser de coração. Quando você conhece o "Pai-nosso", o "*Gloria Patri*" e o "*Kyrie Eleison*" de coração, tem algo para começar; assim, comece a rezá-las continuamente. Talvez conheça de coração o Sl 23 (*O Senhor é meu*

---

9. Cf. NOUWEN, H. *The Way of the Heart*. Op cit., para uma maior reflexão sobre este movimento fundamental da vida espiritual.

pastor), as palavras amorosas de São Paulo aos Coríntios ou a oração atribuída a São Francisco (*Senhor, fazei-me instrumento de vossa paz*); então, quando estiver na cama, dirigindo seu carro, esperando o ônibus, levando o cachorro para passear, pode deixar as palavras de uma dessas orações ir da sua cabeça para seu coração; para isso, deve tentar escutar com todo o seu ser aquilo que está repetindo. Pode ser que seja distraído por alguma preocupação, mas com persistência irá descobrir que estas preocupações se tornarão cada vez menos invasivas, sua atenção ficará mais focada e descobrirá que gosta de rezar. Quando a prece vai da cabeça para o centro do nosso ser, descobrimos seu poder curador.

A oração é a prática do momento presente

Orar, a disciplina do coração, é a prática espiritual do momento presente. Jean-Pierre de Caussade, em sua clássica obra de mais de trezentos anos *L'abandon à la Divine Providence* (*O abandono à Providência Divina*), nos assegura que Deus fala conosco em todos os momentos de todos os dias:

> Se aprendermos a ver todo momento como manifestação da vontade divina, alcançaremos tudo aquilo que nosso coração deseja... O presente está repleto de infinitos tesouros, engloba muito mais do que você poderia entender. A fé é a medida. Acredite e lhe será dado.
>
> Quando nos damos a Deus em oração, todo momento se torna um sacramento de alegria, gratidão e aceitação da vontade divina que se manifesta em todos esses instantes.

Quando abraçamos o momento presente em contemplação e nos examinamos honestamente e em prece, Deus nos dará aquilo que nosso coração deseja. Quanto mais o coração ama, mais ele deseja; quanto mais ele deseja, mais lhe será dado. A vontade divina está à nossa frente a todo momento; ela é como um oceano imenso e inesgotável que o coração consegue alcançar. Entretanto, ninguém pode receber mais do que tem capacidade para guardar e assim precisamos aumentar esta capacidade através da fé, confiança e amor[10].

Experimentar a presença de Deus a todo o momento foi algo que o Irmão Lawrence também nos deu com seu exemplo de rezar constantemente em meio a atividades diárias e rotineiras. Como era cozinheiro de uma comunidade monástica em Paris no final do século XVII, o Irmão Lawrence explica de maneira simples e muito bonita como "orar sem cessar" — não com a cabeça, mas com o coração. Em seu livro *The Practice of the Presence of God* (A prática da presença de Deus), Lawrence disse que é uma grande ilusão separar os momentos de oração dos horários de trabalho. Ao invés disso, acreditava que precisamos rezar e estar atentos à presença de Deus em todos os momentos e em todos os lugares[11]. Assim sendo, qualquer pessoa, in-

---

10. CAUSSADE, J.-P. *The Sacrament of the Present Moment*. [s.l.]: HarperSanFrancisco, 1989, bk 1, chap. 2, sec. 3. Caussade escreveu sobre a espiritualidade, sendo membro ordenado da Companhia de Jesus. Henri Nouwen recomendava muito a seus alunos que lessem esse "pequeno livro sobre preces".

11. *The Practice of the Presence of God* é uma compilação das conversas e correspondências do Irmão Lawrence. Este livro foi compilado e publicado por Joseph de Beaufort, conselheiro do arcebispo de Paris, em 1691, o ano da morte do Irmão Lawrence, originalmente, com o título: *L'abandon à la Divine Providence*.

dependente de idade e circunstância, que procura a paz e a presença de Deus, pode praticar em qualquer lugar e a qualquer tempo o sacramento do momento presente[12].

Quando rezamos, entramos na presença de Deus Emanuel; de *Deus-conosco*. Rezar é escutar com atenção ao que Ele nos diz aqui e agora. Quando estamos seguros de que nunca estamos sozinhos e de que Deus está sempre conosco, nos desprendemos gradualmente das vozes de culpa e ansiedade e abraçamos o momento presente. Se pudermos estar por apenas alguns minutos todos os dias no lugar onde nos encontramos, descobriríamos que não estamos sozinhos e que Deus está conosco em nosso coração; Ele nos dá o amor de que precisamos, bem como o poder de amar as outras pessoas.

O que acontece quando achamos tempo para rezar?

Assim como temos nosso horário para refeições, trabalhar, descontrair e descansar, também temos que achar tempo para rezar com regularidade. Por que não acordar mais cedo, passar meia hora com Deus e depois se descontrair um pouco com aqueles com os quais vivemos? O melhor horário para rezar é de manhã bem cedo porque esta atividade depois nos ajuda a passar o resto do dia centrado em Deus. Mas se isso não é algo conveniente,

---

12. Em seus cursos sobre a formação espiritual em Yale e Harvard, Nouwen se referiu muitas vezes ao Irmão Lawrence e a seu exemplo de como "orar sem cessar" (1Ts 5,17).

reserve algum outro horário durante o dia para dar sua total atenção a Deus. Qualquer meia hora durante o dia é melhor do que nada.

Após reservarmos um horário para rezar, precisamos achar um lugar para isso. Um lugar calmo e cheio de paz é ideal para orar. Jesus nos aconselhou: "Tu, quando orares, entra no teu aposento e, fechando a tua porta, ora a teu Pai que está em secreto" (Mt 6,6). Ele torna clara a importância do tempo e do espaço para a pessoa que reza. O lugar ideal é um cômodo em sua casa reservado para a prece. Um cômodo decorado com imagens divinas, onde há velas que possam ser acessas e incenso que possa ser queimado, pode facilitar sua vontade de querer ir rezar lá. E quanto mais você rezar neste lugar, mais ele se encherá com o poder da prece.

Se você não tem um cômodo livre para isso, reserve um canto para a prece. Se isso também não for possível, tente ir a uma igreja ou capela onde se sinta confortável e queira retornar. O lugar que você visita diariamente para rezar se torna amigável, lhe acolhe de braços abertos quando chega e lhe convida para orar.

O que fazer depois de reservarmos um horário para rezar e acharmos um lugar para estarmos a sós com Deus? A simples resposta é esta: esteja com Jesus. Permita que Ele lhe veja, toque e fale; e veja, toque e fale com Ele em retorno e da maneira que seu coração desejar.

O mundo se torna algo ilusório sem a disciplina da oração. Esquecemo-nos que Deus está presente no mundo e em nossa vida quando não participamos de uma oração comunal, rezamos a sós ou dizemos uma prece de agradecimento antes ou depois de uma refeição. Quando nos lembramos de rezar pela manhã ou consideramos o Sábado ou Domingo como um dia sagrado e dedicado a Deus (*Sabbath*), conscientizamo-nos do momento presente e toda a vida, pessoas, momentos e lugares são transformados pela luz divina. Quanto mais rezamos (quer dizer, quanto mais experimentamos a vida em oração), mais desejamos estar com Ele. O ato de rezar cria em nós uma fome e sede de estar com Deus porque vemos sua luz brilhando através do momento presente, dos outros eventos, das outras pessoas e da natureza.

Quando levamos nosso coração a Deus em prece, sentimo-nos amados por Ele e vemos as outras pessoas sob a luz de seu amor. O coração de Deus é o lugar onde encontramos nosso verdadeiro "eu"; mas é também onde encontramos homens, mulheres e crianças de todas as épocas e lugares, descobrimos que são nossos irmãos e irmãs e que são amados da mesma maneira que nós; descobrimos a verdadeira alegria de ser parte da humanidade e nos conectamos a Ele, com nós mesmos e com as outras pessoas. Assim sendo, a oração é "a única coisa necessária" (Lc 10,41).

Lidando com as distrações
Uma das coisas interessantes que acontecem quando passamos tempo orando com Deus é que notamos como

estamos cansados e ansiosos. Se não conseguimos dormir, descobrimos como nossa cabeça está cheia de problemas e preocupações que precisamos resolver. Quando tentamos estar com Deus, notamos que ficamos pensando nos planos que fizemos. Mil distrações começam a aparecer. Quando ficamos a sós, descobrimos o quão caótica é nossa vida interior. De repente, todo tipo de pensamentos, emoções e fantasias aparecem; num instante, passamos a pensar em antigas alegrias e dores, nos encontros que não comparecemos e nas cartas que nunca escrevemos, nas pessoas que queremos reencontrar e nas que esperamos nunca ver novamente, nas próximas férias, na possível promoção no trabalho ou em nossa iminente aposentadoria. Ao invés de nos concentrarmos em orar, tornamo-nos inquietos e não vemos a hora do momento reservado à oração acabar.

Não se surpreenda com isso. Você não pode fechar a porta da sua casa, a qual estava sempre aberta a estranhos, e esperar que ninguém venha bater. Levará tempo para todas essas distrações desaparecerem; mas com o tempo elas irão, especialmente quando se derem conta de que você se recusa a abrir a porta naquela meia hora dedicada à oração. Se formos assíduos com nosso tempo para a oração, estas distrações irão diminuir gradualmente e nossa cabeça e nosso corpo entrarão no ritmo do nosso momento diário de oração.

Precisamos de ajuda para conseguirmos permanecer focados. Não podemos apenas sentar em silêncio e não fazer nada; pelo menos no começo isso não funciona. Precisamos de um foco, de algo que ajude em nossa concentração. Este aspecto é comum a todas as tradições religiosas e práticas espirituais; quer dizer, quando focamos numa coisa, lutamos contra as distrações. Não fazemos as distrações desaparecerem quando as colocamos de lado, mas quando nos concentramos em algo. Quando focamos em algo, começamos paulatinamente a nos acalmar e todas as outras coisas começam a desaparecer.

Para lhe ajudar a focar, escolha um texto sagrado: o Evangelho do dia, o "Pai-nosso", as beatitudes de Cristo, a Oração de São Francisco de Assis ou qualquer outra palavra de Deus que lhe toca o coração. Foque sua atenção gentilmente neste texto sagrado que escolheu. Quando as distrações começarem a vir, sorria para elas, deixe que elas passem e retorne sua atenção para o texto. Quanto mais você ler o texto em voz alta ou silenciosamente em seu coração, mais ele lhe será atrativo e descobrirá nele muito mais que os muitos "deveres" e "proibições" que tentam entrar e causar caos em sua consciência. As palavras divinas têm o poder de transformar nossa vida interior e criar aí um lugar benfazejo para Deus.

Não se esqueça do seu corpo; dê-lhe tempo para descansar e um lugar calmo para orar. Sente-se, fique em pé, ajoelhe-lhe ou se prostre perante a Deus. Faça isso mesmo que seu coração não esteja pronto porque, quando seu corpo se empenhar nessas atitudes de adoração, seu coração irá eventualmente descobrir que não precisa fugir e que pode ir junto ao corpo na presença de Deus. Quando corpo, cabeça e coração estão unidos em oração, sua existência se tornará um ato de agradecimento e louvor. Assim sendo, mesmo após terminar de orar e de deixar o lugar dedicado para isso, permanecerá em prece em todos os lugares e a todo o tempo; estará sempre na presença de Deus. Isso não é algo fácil, mas é algo que representa seus desejos mais profundos e pode ser alcançado.

Conclusão

O movimento da ilusão para a prece requer disciplina e práticas diárias. Quando nossa cabeça tenta alcançar a eternidade, nosso coração toca o amor divino e nosso corpo estabelece limites que não nos deixam cair novamente nas compulsões, obsessões e vícios do mundo, deixamos de ser galinhas que ciscam os resquícios do passado e nos tornamos águias voando alto nas asas de Deus, somos gratos por nossa liberdade e felizes com a beleza de nossa espiritualidade.

APROFUNDAMENTO: EXERCÍCIOS PARA A FORMAÇÃO ESPIRITUAL

Nouwen enfatizou muito a importância de reservarmos um momento e um espaço para o sagrado diariamente a fim de "abrir espaço para Deus" em nosso ser. Ele argumentou que a disciplina de estar a sós e em silêncio leva o coração a orar e a entrar em comunhão com Deus; e em seu livro *The Way of the Heart* (O caminho do coração) disse que "durante a prece a sós e em silêncio experimentamos uma purificação e transformação que se manifestam na forma de compaixão"[13].

Reflexão

1) Madre Teresa de Calcutá é conhecida por sua compaixão pelos "mais pobres dos pobres". Aqueles que a conheceram melhor sabem que esta compaixão é fruto de muitas horas de oração "inútil". Sob a ótica do convite à oração, reflita na seguinte frase de Madre Teresa: "Não sou chamada a ser bem-sucedida, mas a ser fiel".

2) Pondere sobre a seguinte passagem do livro *L'abandon à la Divine Providence* (O abandono à Providência Divina) de Caussade:

> Não há momento no qual Deus não se apresente sob a aparência de uma dor a ser tolerada, de um carinho a ser recebido ou de um dever a ser feito. Tudo que acontece dentro de nós, ao nosso redor e através de nós contém e esconde a ação divina. Ela está invisivelmente presente em tudo, sempre nos surpreende e apenas a reconhecemos quando parece cessar. Se pudermos levantar o véu e prestarmos atenção, notaremos que Deus continua a se revelar para nós e sua ação está presente em tudo; ficaremos alegres com isso. Com cada coisa que acontece, diremos: "É o Senhor" e aceitaremos toda nova circunstância como uma dádiva divina[14].

---

13. *The Way of The Heart.* Op. cit., p. 33-34.
14. CAUSSADE, J.-P. *Sacrament of the Present Moment.* Op. cit., bk.1, chap. 2, sec. 1.

Sugestões para rezar a sós

A seguir estão três sugestões de Nouwen para rezar a sós. São três maneiras simples de ir da vida de ilusões para a do coração em prece todos os dias[15].

Primeiro, fique em silêncio

Ficar a sós em silêncio é algo fundamental para a prece contemplativa. Mas é difícil de fazer isso porque há muitas distrações. Estar em silêncio com alguém pode ajudar muito; então sugiro que leia o texto sagrado com um amigo e depois fiquem juntos em silêncio.

Concentre-se na Palavra de Deus

Na disciplina diária da prece nosso foco é Deus e sua Palavra. Podemos ler um salmo ou uma passagem da Bíblia. Escolha uma passagem e a leia duas ou três vezes enquanto se concentra nela. Não tente analisá-la; tente simplesmente se conscientizar do que ela lhe apresenta. O texto pode lhe mostrar Jesus curando alguém ou falando com os discípulos dele. Esta imagem de Jesus se tornará seu foco; isto é chamado de *lectio divina* e é uma maneira muito simples e poderosa de rezar. Você pode também se concentrar apenas numa palavra ou frase que lhe chame atenção. Quando se distrair, retorne à imagem ou à palavra

---

[15]. Esta seção foi compilada dos ensinamentos práticos dele sobre como rezar. O texto primário para isso foi "Prayer and Ministry: An Interview with Henri J.M. Nouwen". *Sisters Today*, vol. 48, n. 6, fev./1977, p. 345-355 [Oração e ministério].

que focou. Após ler uma passagem da Bíblia, concentre-se numa porção do texto (por exemplo, uma frase como: "O Senhor é meu pastor") e durante dez minutos de meditação apenas repita esta porção continuamente. O texto se torna paulatinamente parte de nós; a repetição nos acalma e permite à nossa cabeça descer ao coração. Assim sendo, as palavras se tornam como uma cerca ao redor de um jardim no qual posso sentir Deus, o qual me guia como um pastor para paragens silenciosas e seguras. Este método é chamado de *prece meditativa*.

Rezar sem cessar
Você pode conhecer a famosa Oração de Jesus: "Jesus, Filho de Davi, tem misericórdia de mim" (Lc 18,38). Estas antigas palavras bíblicas são encurtadas e repetidas vagarosamente na tradição hesicasta de oração interior. Quando estas palavras são repetidas diariamente, tornam-se parte da nossa respiração, do nosso batimento cardíaco, parte do nosso ser. A beleza da Oração de Jesus está no fato de que podemos praticá-la durante nossa rotina diária, podemos rezá-la quando conduzimos, trabalhamos no escritório ou fazemos alguma outra atividade em pé. Repetir "Jesus, tem misericórdia de mim" (ou variações como: "Senhor, tem misericórdia...", "Deus, tem misericórdia...") durante o dia todo é uma maneira de cumprir o mandamento bíblico de "orar sem cessar" (1Ts 5,17). Isto é chamado *rezar de coração*.

Diretrizes para oração matinal e vesperal

A seguir estão as diretrizes concebidas por Nouwen para a oração matinal e vesperal em grupo[16]:

> Acredito que nossa vida religiosa deve ser um pouco pública. Isso pode parecer que vai contra os ensinamentos das Escrituras, mas na verdade não é assim. "Público" aqui significa que as outras pessoas sabem que reservamos certos momentos do dia ou da noite para a prece a sós ou em grupo, com pessoas que querem estar juntas em silêncio enquanto rezam.
>
> Tenho uma rotina simples para a oração matinal, que qualquer um pode seguir. Eu leio três salmos e uma passagem do Novo Testamento em voz alta e fico em silêncio. Depois rezo outro salmo, leio um texto contemporâneo e fico dez minutos em silêncio. Para concluir, rezo uma oração e um "Pai-nosso". Isso tudo leva menos de uma hora e posso sempre convidar um amigo, dizendo: "Faço isso todas as manhãs, gostaria de se juntar a mim?"
>
> Para a oração vesperal, gosto de me sentar num círculo de amigos e dizer os salmos. Se estiver dando um jantar, pode simplesmente dizer aos seus convidados: "Às dez da noite eu faço minha oração vesperal. Se quiser se juntar a mim, esteja à vontade. Caso contrário, prefiro terminar o jantar em tempo para isso". Seus convidados não dirão: "Nossa, isso é verdade?" As pessoas tendem a responder positivamente e respeitam seus compromissos.

---

[16]. Esta seção foi compilada dos ensinamentos práticos dele sobre como rezar. O texto primário para isso foi sua entrevista para o *Sisters Today*, intitulada "Prayer and Ministry" [Oração e ministério].

***Visio divina*: A árvore inútil**

Se estiver aprendendo a rezar, imagine que está sentado num banco sob uma árvore muito alta e antiga em Saint-Rémy de Provence, como aquela pintada pelo famoso pintor holandês Vincent van Gogh. Releia a parábola no começo deste capítulo e se pergunte: Qual é o uso desta árvore? Será ela inútil? Será que glorifica Deus com seus ramos e sombra? Será que tudo na criação louva o Senhor por simplesmente ser o que foi criado para ser? Pondere nestas questões, olhe a imagem por dez minutos e deixe que ela fale com você. Escreva seus pensamentos e reflexões.

Como a antiga árvore da parábola, não rezamos para sermos produtivos ou úteis, mas para nos tornarmos abertos e dar agradecimento. Quando rezamos e meditamos, permitimo-nos viver e ser como somos sem saber se daremos frutos ou não. Permitimo-nos envelhecer livremente e não nos preocupamos com nossa utilidade. A fé na oração vale por si só e não importa se dá frutos ou não.

Parte II

Os movimentos intermediários

3

Da tristeza para a alegria

O Conto de Kisa Gotami e das Sementes de Mostarda

Kisa Gotami, a frágil, tinha um filho que era o amor de sua vida. Entretanto, pouco depois de começar a andar e brincar, faleceu. Kisa Gotami ficou tão triste que não conseguia aceitar a morte de seu filho. Passou a perambular pelas ruas carregando o corpo dele pela cintura; ia de casa em casa batendo nas portas e perguntando: "Por favor, um remédio para meu filho". As pessoas viram que estava louca; faziam chacota dela e diziam: "Não há remédio para os mortos". Ela agia como se não entendesse e continuava indo de casa em casa.

Um sábio viu o que acontecia e entendeu que o sofrimento causado pela morte de seu filho a levou à loucura. Não zombou dela e disse: "Minha senhora, a única pessoa que pode saber de um remédio para seu filho é o Professor das Dez Forças, uma pessoa muito digna entre homens e deuses. Vá ao mosteiro; vá vê-lo e lhe peça um remédio para seu filho".

Como viu que o sábio dizia a verdade, foi carregando seu filho na cintura para o mosteiro onde Buda morava. Aproximou-se com muita ansiedade do Sábio que estava sentado no trono do Buda e disse: "Oh Iluminado, queria um remédio para meu filho".

O Buda respondeu sorrindo serenamente: "Foi bom ter vindo a mim. Você deve fazer o seguinte: deve ir a todas as casas da cidade e pedir sementes de mostarda a cada uma delas; entretanto, só deve pegar sementes das casas onde ninguém nunca morreu".

Gotami concordou e seguiu caminho muito contente de volta para a cidade. Bateu na primeira casa e disse: "Sou eu, Gotami. Fui enviada pelo Professor das Dez Forças. Preciso de sementes de mostarda; este é o remédio para meu filho". E quando traziam as sementes, acrescentava: "Antes de pegá-las, diga-me se alguém morreu nesta casa, por favor?" A resposta foi: "Os mortos desta casa são inúmeros, Gotami". "Então preciso ir a uma outra casa, já que o Iluminado foi bem claro a respeito disso", dizia ela.

E foi de casa em casa, mas sempre a mesma resposta. Na cidade inteira não havia uma só casa que não tinha sido visitada pela morte. No final, conscientizou-se porque tinha sido enviada nessa missão impossível. Saiu da cidade muito emocionada e levou o corpo de seu filho para ser cremado.

Depois retornou para o mosteiro, onde foi gentilmente recebida pelo Buda, que sorrindo lhe perguntou: "Você trouxe as sementes de mostarda da casa onde ninguém nunca morreu, Gotami?"

E ela respondeu: "Meu honorável senhor, não há um só lar que não foi tocado pela morte. Todo mundo já experimentou a morte de um ente querido, como experimentei a de meu filho. Mas agora entendo que tudo que nasce deve morrer e precisamos aceitar isso. O conhecimento cura e minha procura pelas sementes de mostarda terminou. Oh, Dono das Dez Forças, você me acariciou com esta graça. Oh, Iluminado, agradeço-lhe muito" (Uma estória do *The Teachings of the Compassionate Buddha* (Os ensinamentos de Buda)[1].

---

1. Apostila (YDS, 1980). O título da apostila é "Uma estória do *The Teaching of the Compassionate Buddha*". Nova York: New American Library, 1955, p. 44ss. [org. por E.A. Burtt]. Nouwen usou esta estória em suas classes sobre a compaixão na Yale Divinity School, 1980. A parábola começa com: "Há uma estória sobre o Buda, o Iluminado, o Dono das Dez Forças, e como ensinou sua doutrina a Kisa Gotami, a qual sofria de muita tristeza e pesar".

Esta antiga fábula budista sobre como Kisa Gotami superou sua tristeza e pesar exemplifica o movimento da negação para a aceitação e da tristeza para a alegria. Se há uma palavra que sumariza as tristezas da vida, essa palavra é *perda*. Somos tristes por causa de tudo que perdemos. Algumas perdas tocam nosso coração: a perda de intimidade por causa da separação; a perda do senso de segurança por causa da violência; a perda da inocência pelo abuso; a perda da amizade por causa da traição; a perda do amor pelo abandono; a perda do lar pela guerra; a perda do bem-estar pela fome, calor, frio; a perda de um filho por doença ou acidente; a perda do país por distúrbios políticos; e a perda da vida por causa de terremotos, inundações, acidentes aéreos, bombas e doenças.

Pense em suas próprias perdas, nos momentos de sua vida quando perdeu algo ou alguém querido e cheio de vida; um amigo por câncer, um filho ou uma relação por doença. Pode ser que uma relação amorosa acabou causando-lhe muita dor. Pode ser que tenha perdido sua casa ou emprego durante tempos difíceis. Talvez sinta-se deprimido por ter sofrido abusos físicos ou emocionais. Seja qual for sua perda, você não está sozinho nisso.

A vida pode às vezes parecer uma contínua sucessão de perdas. Quando nascemos, perdemos a segurança e a intimidade do ventre de nossa mãe. Quando vamos à escola, perdemos a segurança e a intimidade de nossa vida familiar. Quando encontramos nosso primeiro emprego, perdemos a liberdade da juventude. Quando nos casamos, perdemos alguns dos divertimentos da vida de solteiro. Quando envelhecemos, perdemos nossa beleza, saúde, bem como amigos, riquezas e fama. E, quando morremos, perdemos fisicamente tudo!

No entardecer da vida experimentamos dolorosas perdas por conflito, desentendimentos, fracassos, raiva e mágoas. Experimentamos a perda de esperanças e sonhos, não apenas em razão de nosso envelhecimento, mas também porque descobrimos que muitos daqueles em quem confiávamos nos traíram. Perdemos o sentido e propósito da vida, não apenas pelo cansaço de nossa cabeça e de nosso coração, mas também porque ridicularizam nossa maneira de pensar e rezar e dizem que somos antiquados. Perdemos a noção de que "antigamente é que era bom"; pode ser que não era assim tão bom como acreditamos, mas isso é parte da nossa memória e importante para nós.

Quando éramos jovens, dizíamos: "É isto que vou fazer da minha vida". Depois, quando envelhecemos, dizemos: "O que foi que aconteceu com aquele sonho?" Quando éramos jovens queríamos fazer algo que ajudasse a humanidade; agora, sentimo-nos presos num trabalho que não gostamos ou perdidos numa vida de aposentado. Nosso entusiasmo se esvaiu. Sentimo-nos desapontados com a vida e que não há mais nada de novo para se descobrir.

Todas essas perdas são parte da vida, mas há também uma perda espiritual: de esperanças para o futuro, do propósito divino da vida e até da fé em Deus. Quando éramos jovens, enfrentávamos nossas perdas com coragem e acreditávamos que elas nos levariam junto a Deus. Enfrentávamos as dores e sofrimentos da vida porque testavam nossa força de vontade e nos faziam acreditar cada vez mais em nossos ideais. Quando envelhecemos, descobrimos que tudo aquilo que nos sustentou por tantos anos (a fé em Deus, o amor por Jesus, a confiança em familiares e amigos, as esperanças da vida) se enfraqueceu. Antigas ideias, práticas e costumes que celebravam a vida não nos comovem mais.

Podemos nos lembrar de uma época quando Jesus era muito real e não duvidávamos de sua presença em nossa vida. Ele era nosso amigo, conselheiro e guia mais íntimo e querido; dava-nos conforto, coragem e confiança. Podíamos senti-lo, mesmo tocá-lo. E agora? O que aconteceu? Não podemos vê-lo em nossa vida e não pensamos mais nele; não queremos mais passar uma hora em sua presença. Até nos perguntamos se é um personagem fictício. Não sugiro que todas essas perdas aconteçam ao mesmo tempo, mas quando caminhamos juntos e conversamos, descobrimos que muitas delas são parte da vida; de nossa jornada e da jornada de nossos companheiros.

O que devemos fazer a respeito dessas perdas? Precisamos achar uma resposta para esta questão. Há alguma maneira de redescobrirmos aquilo que perdemos? Será que a tristeza pode virar alegria? Pode o pesar levar a uma leveza de espírito? Quando "o choro dura uma noite, pode a alegria vir pela manhã"? (cf. Sl 30,5).

Lamentando as perdas

A questão não é se experimentamos perdas, mas como lidamos com elas. Você as esconde? Finge que não são reais? Recusa-se a torná-las públicas? Tenta se convencer de que são pequenas em comparação aos seus ganhos? Culpa alguém pelo que aconteceu?

Há outra opção: chorar e lamentar as perdas. Sim, podemos chorar e lamentar nossas perdas. Não podemos pensar e agir como se não existissem, mas podemos chorar por elas. Nunca seremos felizes se não nos permitirmos chorar, se não tivermos a coragem de lamentar e tomarmos tudo isso como uma oportunidade de experimentar a dor. As pessoas dizem: "Ignore, seja forte, não chore, supere, passe para outra". Mas se não chorarmos e lamentarmos, podemos nos tornar pessoas amargas. Toda essa mágoa pode ir ao fundo do nosso ser e aí permanecer pelo resto de nossa vida.

É melhor chorar as perdas que negá-las. Sinta suas perdas, chore por elas, dê nome à dor e diga: "Sim, sofro, tenho medo; mas aceito isso. Vou levar e abraçar essa cruz da minha vida". Lamentar é experimentar a dor que sentimos e enfrentar a escuridão do abismo onde tudo é turvo, onde tudo muda constantemente. Lamentar é permitir que as perdas destruam nossos falsos sentimentos de segurança e nos levem à dolorosa verdade de que somos frágeis e dependentes de Deus. No final, chegamos ao ponto onde podemos dizer: "Sim! Esta é minha vida e a aceito como é".

Lamentei muitas perdas em minha vida. Como me lembro do dia quando minha mãe morreu; como me senti quando ela estava doente e após sua morte. Isso mudou minha maneira de ver o tempo. Toda experiência "comum" se tornou algo novo, passou a ser vista como se ocorresse pela primeira vez: o primeiro Natal, o primeiro Ano-Novo, a primeira Páscoa sem ela. Achava difícil me lembrar de ocasiões de família nas quais minha mãe não estava presente, não sabia mais como me sentiria nesses momentos. Cada vez que experimentava um novo evento sem ela, sentia sua ausência; em meu ser, era como se ela morresse de novo. Mas quando chorava e sentia uma dor terrível, algo de novo acontecia. Na dor, eu começava a experimentar uma alegria que era mais profunda. Desta devastação algo novo nasce; nas lágrimas e na lamentação, alegrias e felicidade são achadas. A verdadeira cura começa no momento em que enfrentamos a realidade de nossas perdas e nos desapegamos da ilusão do controle[2].

Já que temos tantos medos, o maior desafio por que passamos é enfrentar a realidade de nossas perdas e nos desapegarmos da ilusão de que estamos no controle; o

---

2. Para uma discussão mais detalhada sobre como Nouwen chorou e lamentou a perda de sua mãe e de seu pai, cf. *A Letter of Consolation*. [s.l.]: Harper & Row, 1982 [Uma carta de consolação]. Uma reflexão similar sobre a perda de um amigo pode ser achada em: *Spiritual Direction*: Wisdom for the Long Walk of Faith. [s.l.]: HarperOne, 2006, cap. 8 [Direção espiritual]. • *The Inner Voice of Love*: A Journey Through Anguish to Freedom. Nova York: Doubleday, 1996 [A voz interior do amor].

maior desafio é superar o medo e ter confiança de que um dia seremos libertados dessas amarras que nos prendem. Não acredito que possamos fazer isso apenas trabalhando o emocional e pelo uso do intelecto. Se nossa humanidade é o único recurso à nossa disposição, então a resposta natural para nossas perdas seria alguma forma de estoicismo. Entretanto, acredito que o Espírito de Jesus, o Espírito do Amor, foi-nos dado para conseguirmos superar o medo e abraçar a realidade de nossas perdas. O choro e a lamentação se tornam importantes para isso porque: permitem que essa dor entre em nosso coração; nos dão coragem para compartilhar nosso sofrimento com nós mesmos e com outros; nos dão a liberdade de chorar em prantos e gritar em protesto – assim seremos levados ao interior de nosso coração, onde acharemos a felicidade.

Há "tempo de chorar, e tempo de rir; tempo de prantear, e tempo de dançar" (Ecl 3,4). Mas o que quero lhe dizer é isto: todos esses *tempos* estão conectados. Chorar e dançar são partes da mesma graça. Em meio às lágrimas, uma dádiva cheia de vida aparece. O choro e a lamentação por nossas perdas são nosso canto de louvor. Se não podemos chorar e lamentar, não podemos ser alegres e contentes. Muitas vezes em meio ao choro, sorrimos. E quando nos lamentamos, já estamos trabalhando na coreografia de nossa dança. Nossas lágrimas de tristeza acalentam nosso espírito e nos abrem para a possibilidade do "agradecimento". Podemos dizer que essas experiências únicas são a maneira que Deus tem de moldar nosso coração e nos trazer alegrias.

Conecte sua dor com o contexto maior
Se o primeiro passo da jornada entre a tristeza e a alegria é aceitar e lamentar as perdas, o segundo passo é este: conectar nosso sofrimento com o do mundo. É entender nossas perdas enquanto consideramos as dos outros.

Na época em que procurei a comunidade Daybrake, estava sofrendo muito[3]. Todos esses anos trabalhando como acadêmico, viajando pelos países pobres da América Central e minha agenda repleta de palestras me deixaram espiritualmente exausto. Ao invés de me darem um momento para escapar dos meus problemas, essas viagens só os intensificaram. Continuei a me iludir que tudo estava sob controle, que podia ignorar aquilo que não conseguia enfrentar em mim mesmo e no mundo ao meu redor. Quando comecei a vivenciar o grande sofrimento das pessoas com deficiências mentais e físicas na Daybrake, passei a ver meus próprios problemas de maneira diferente, que minhas dores estão inseridas num contexto maior de sofrimento e achei força para viver em meio a tanta necessidade e dor. Conscientizei-me de que o processo de cura começa quando a dor sai do seu confinamento diabólico e nos damos conta de que sofremos em comunhão com o

---

3. Daybrake é o nome de uma comunidade l'Arche de pessoas com deficiências próxima a Toronto, Canadá, onde Nouwen serviu como pastor de 1985 a 1996.

resto da humanidade e da criação. Quando fazemos isso, tomamos parte na grande luta contra as forças da escuridão; a pequenez de nossa vida passa a participar em algo muito maior e universal.

Eu também descobri outra coisa: em meio a todas essas pessoas da comunidade Daybrake (a maioria das quais não sabe ler, não podem cuidar de si mesmas), entre estes homens e mulheres rejeitados por um mundo que só valoriza aquilo que é inteiro, inteligente e saudável, achei pessoas conectando o sofrimento humano com o de Deus. Quando vi isto acontecendo, quis tomar parte. Queria conectar minha dor com o sofrimento de todas aquelas pessoas. E de repente pensei: "Sou parte da humanidade!" Não sou uma exceção; sofro como todo mundo sofre; choro como todo mundo chora; mas posso também dançar como todo mundo dança. Assim, descobri que queria viver esta verdade em comunidade.

A comunidade e a solidariedade estão no centro do movimento da tristeza para a alegria. Quando experimentamos e relacionamos nossa dor com a das outras pessoas, passamos a enfrentá-la juntos. Esta é a origem da palavra *compaixão* (*com-paixão* = paixão, sofrer, sofrer com, sofrer com as outras pessoas); esta é a origem da palavra *paciência* (*paciência* = *patior*, "sofrer"). Ser paciente significa sofrer as dores da vida; e quando você experimenta estas dores com as outras pessoas, você se torna uma pessoa compassiva. O processo de cura começa assim; ele não começa com respostas formidáveis, com "faça isso" ou "faça aquilo". A cura começa com a experiência da impotência, de *não-saber-o-que-fazer* juntos. A importância da compaixão está nisso; quer dizer, quando sentimos e experimentamos a dor de nossas perdas, nosso coração se abre para o sofrimento e perdas das outras pessoas: prisioneiros, refugiados, pacientes com Aids, crianças famintas e os inúmeros seres humanos que vivem sob constante terror. Nossa dor se conecta com os lamentos e gemidos de todas essas pessoas.

Dentro do contexto da espiritualidade, precisamos nos perguntar se podemos viver nossa dor em solidariedade com as outras pessoas que sofrem. Será que podemos dizer: "Sim, isto é parte do ser humano e compartilho essa dor com milhares de pessoas, com aquelas que nasceram antes de mim e que virão depois de mim". Será que podemos dizer: "Sou parte da grande estória da salvação divina e desejo tomar parte nas lutas da humanidade. Não quero experimentar meu sofrimento sozinho, quero conectá-lo com o grande drama de amor da humanidade, no qual a tristeza e a alegria são sempre vivenciadas de maneira comunal".

Convido-lhe a viver conscientemente conectado a este grande esforço existencial e ter fé no amor e salvação divinos. Se tiver um amigo que esteja sofrendo, que tenha perdido um ente querido, você pode lhe escutar e dizer: "Eu gosto muito de você. Desabafe comigo; não sei o que lhe dizer, não sei o que sugerir, mas estarei com você. Faremos esta jornada juntos. Não tenho medo; não vou tentar dizer que as coisas vão melhorar. Eu só quero estar junto com você nesse momento e lhe assegurar que: Você perdeu algo ou alguém, está sofrendo muito, mas não está sozinho".

Se sua família ou comunidade sofre, sinta esta dor e ache a alegria em meio a este sofrimento. Convido-lhe a experimentar essa dor em comunhão. Deixamos nossas perdas e mágoas passarem quando conectamos nossa dor ao sofrimento da humanidade, quando entendemos que nossas perdas e sofrimento são parte de um contexto maior. Não somos os únicos a sofrer no mundo; não estamos sozinhos.

Conheça aquele que caminha ao seu lado

"O caminho de Emaús" é uma estória bíblica muito conhecida e lida durante a Páscoa. À primeira vista trata-se de uma estória sobre Jesus e seus discípulos no Evangelho de Lucas (24,13-35); entretanto, se olharmos cuidadosamente, veremos que exemplifica o movimento da tristeza para a alegria. A estória da jornada dos discípulos de Jesus para Emaús (assim como a fábula de Kisa Gotami) ajuda-nos a enveredar por nossa interioridade, a ir da tristeza e do sofrimento para a alegria e agradecimento. Aconselho-lhe a escutar e a sentir esta estória de maneira profunda[4].

Dois discípulos caminham juntos e sabemos que não estão felizes. Caminham cabisbaixos e vagarosamente,

---

4. Um exercício de *lectio divina* usando Lc 24,13.35 pode ser achado na seção "Aprofundamento", no final deste capítulo.

seus rostos estão abatidos e não se entreolham. Há pouco, sentiram-se tristes, vazios, deprimidos, talvez até desiludidos porque seu Mestre se foi e a vida que tinham planejado juntos não aconteceu. Faz poucos anos que o encontraram. Ele transformou a vida, mudou radicalmente a rotina e trouxe vitalidade para todos os aspectos da existência deles. Deixaram suas casas, seguiram aquele estranho e seus amigos; assim, descobriram uma nova realidade escondida atrás do véu de seu dia a dia. Uma realidade na qual o perdão, a cura e o amor não são meras palavras, mas forças que tocam a essência do ser humano. O estranho de Nazaré transformou tudo. Passaram a ver que o mundo não é um fardo, mas um desafio; não é um campo de armadilhas, mas um lugar com infinitas oportunidades. Ele trouxe paz e alegria para o dia a dia; tornou a vida numa dança! Mas agora está morto; seu corpo radiante de luz foi destruído por seus torturadores. Ele se foi e com ele parte deles e de nós. Aquela energia que perfazia os dias e noites se esvaiu deixando um vazio. Aqueles dois discípulos se tornaram dois seres humanos perdidos, perambulando pela vida e constantemente relembrando uma memória triste.

 Enquanto caminhavam para casa lamentando o acontecido, Jesus aparece e caminha ao lado deles. Entretanto, a dor que sentiam os impediu de reconhecê-lo. "Perdemos tudo, perdemos nossas esperanças, nossa alegria, nosso Mestre. Não sabe o que aconteceu? Pensamos que nos traria vida, mas está morto!"

Jesus não diz: "Não se preocupe. Tudo ficará bem". Não, diz: "Conte-me, conte-me sobre sua perda, divida seu pesar comigo. Quero sentir sua dor. Quero estar com você e ouvir sua estória".

O que acontece em seguida? Jesus diz algo que nos surpreende. Diz: "Seus tolos". Não acho que quis dizer "seus estúpidos". Não, foi algo muito mais brando que isso. Diz de maneira carinhosa: "Seus tolos. Demoram a acreditar". Estas palavras vão direto ao coração dos dois discípulos. A palavra *tolo* é dura, nos ofende e nos torna defensivos. Entretanto, também demole nossas barreiras e dissolve nosso medo; assim sendo, leva-nos a conhecer melhor a essência do ser humano. Ela nos dá um aviso, nos tira as vendas e trabalha os mecanismos de defesa. Seus tolos, vocês não veem nada, não escutam nada; não se dão conta? Continuam a olhar um pequeno arbusto e não se dão contam que estão no topo de uma montanha, a qual lhes mostra uma bela vista, o mundo inteiro. Reclamam e se concentram nas perdas e por causa disso não se conscientizam que ganharam a dádiva da vida. O estranho tem de lhes chamar *tolos* para que possam entender isso. De repente, algo acontece e a estória muda. O estranho começa a falar e suas palavras chamam atenção. Ele *lhes* escutou; agora precisam *lhe* escutar.

Jesus falou de Abraão, Moisés e dos profetas, e se referiu a eventos de sofrimento na grande estória da humanidade que sempre levam a algo novo: "Não sabem que Abraão teve que deixar sua terra e ir a um lugar novo?

Não sabem que Moisés teve que sair do Egito e viver no deserto com seu povo? Não sabem que os profetas falaram daqueles que sofrem e nos aconselharam a viver juntos e de novas maneiras? Não sabem que sofri, que sofrerão e que passaremos isso juntos? Não se dão conta de que este é o caminho da salvação, esperança e re-criação? Não entendem que a semente tem que germinar porque senão permanecerá sempre semente? E quando germina, dá frutos? Não compreendem que precisam perder para ganhar? Tudo isso não foi dito como crítica ou para causar medo, mas simplesmente como uma *revelação*.

Jesus se junta a nós quando caminhamos tristes e cabisbaixos. Nesta caminhada, mostra-nos as Escrituras Sagradas e nos explica que toda passagem remete a Ele. Não importa se lemos o livro do Êxodo, dos Salmos, de algum dos profetas ou qualquer dos evangelhos, todos eles tocam nosso coração. Mas não sabemos que é Jesus que está conosco nesta jornada. Pensamos que é um desconhecido que sabe muito da nossa vida. Entretanto, sentimos algo: nosso coração começa a queimar. Quando está ao nosso lado, entendemos o que está acontecendo. Às vezes muito depois, quando tudo já passou, podemos dizer: "O meu coração queimou quando conversava conosco e nos explicava as escrituras. O seu também?" Mas no momento da caminhada e durante a conversa não nos demos conta disso.

A perda, o lamento, a culpa, o medo, as poucas esperanças assim como todas aquelas perguntas que não foram respondidas e ainda preocupam foram aliviadas pelo estranho e colocadas num contexto maior. Aquilo que parecia tão confuso começou a ficar claro; aquilo que parecia tão opressor passou a ser libertador; e aquilo que era extremamente triste gradualmente se transformou em alegria! Quando o estranho lhes falava, conscientizaram-se de que suas pequenas vidas não eram assim tão pequenas, mas parte de um grande e eterno mistério.

O estranho não disse que não havia motivo de tristeza, mas que a tristeza deles era parte de uma maior na qual a alegria se escondia. Não disse que a morte pela qual choravam e lamentavam não era real, mas que esta morte inaugurava uma nova vida, uma vida real. Não disse que não haviam perdido um amigo que lhes tinha dado coragem e esperança, mas que esta perda criava o caminho para um novo tipo de relacionamento, muito maior que qualquer amizade que já tiveram. O estranho nunca negou o que lhe disseram; ao invés disso, afirmou o que lhe diziam como sendo parte de um contexto maior, no qual podiam ter um papel importante e único.

Quando escutavam o estranho, algo mudou dentro deles. Sentiram uma nova esperança e alegria e começaram a caminhar de maneira mais determinada e cheia de propósito. O coração deles se incandesceu com o novo senso de direção que o estranho lhes havia dado.

Se quisermos descobrir esta verdade em nosso coração, temos que ver nossa vida como parte de algo maior. Temos que entender que nossa existência é parte do que foi e do que será. Aquilo que experimentamos agora como a perda de um amigo, de um parente ou nossas expectativas em Jesus, é algo que faz parte de uma longa estória de perdas do passado, presente e futuro. Entretanto, vida nova e alegrias virão. Espero que isto já esteja acontecendo com você. Quando começa a se desprender de sua dor, se conectar com a estória maior e sentir a presença de Jesus na Palavra, seu coração se inflama? Sentiu um calor por dentro? Escuta muito baixinho a Voz do Amor em seu interior? Quando começa a ouvir e confiar naquele que chama seu nome, saberá que é o Senhor que lhe fala e que Jesus é seu nome[5].

Conclusão

O primeiro passo no movimento da tristeza para a alegria é enfrentar e lamentar nossas perdas. O segundo é colocá-las dentro de um contexto maior, entender nosso sofrimento conectado ao sofrimento dos outros. Com o tempo, reconheceremos e agradeceremos o fato de não estarmos sozinhos, de que a humanidade está ao nosso lado e suplica pela revelação de um novo mundo. No caminho de Emaús, Jesus se revelou nas Escrituras e sua presença paciente transformou a tristeza em alegria, o choro e o lamento em dança.

---

5. O melhor comentário de Nouwen sobre a presença eucarística no caminho de Emaús é *With Burning Hearts*: A Meditation on the Eucharistic Life. [s.l.]: Orbis, 1994 [Com o coração em chamas].

APROFUNDAMENTO: EXERCÍCIOS PARA A FORMAÇÃO ESPIRITUAL

Leia a estória de Jesus no caminho de Emaús no Evangelho de São Lucas (24,13-35). Pratique a *lectio divina* deste trecho lendo-o em voz alta, lentamente e na companhia de outras pessoas três vezes. Note para futuras reflexões qual palavra, frase ou imagem chamou mais sua atenção.

Reflexão

1) Você pode se identificar com um dos discípulos que chora e lamenta a perda do mestre enquanto caminham para Emaús? Pode imaginar um estranho no caminho que lhe escuta e entende sua dor? Poderia convidá-lo à sua casa? Pode notar como reparte o pão de maneira especial? Será ele aquele que transformará sua tristeza em alegria, que reacenderá seu coração?

2) Como se conscientizou da presença do estranho que caminha a seu lado? Compartilhe com outra pessoa a memória de uma ocasião quando se conscientizou da presença de Jesus nas escrituras sagradas, na repartição do pão ou na dádiva da amizade.

3) De acordo com Nouwen, a estória dos discípulos no caminho de Emaús tem cinco partes; quer dizer, o movimento do choro e da lamentação para a dança tem cinco estágios:

a) chorar e lamentar as perdas;

b) conectar o sofrimento pessoal com o da humanidade;

c) convidar "o estranho" que conhecemos no caminho para casa;

d) entrar em comunhão com o Cristo que habita nosso coração;

e) voltar ao mundo com alegria.

Onde está você nesse momento? Qual gostaria de praticar?

4) O que aprendeu da estória do que foi revelado à Kisa Gotami? Lembre-se de que a tristeza dela foi tão forte que a levou à loucura, a perambular pelas ruas enquanto carregava o corpo de seu filho na cintura e bater de porta em porta dizendo: "Por favor, um remédio para meu filho". As pessoas faziam chacota dela porque se recusava a aceitar a morte do filho. Sua cura aconteceu quando entendeu que a morte e a perda são algo universal, que não havia "um só lar que não foi tocado pela morte". O remédio para sua tristeza foi poder se identificar com as outras pessoas que também sofrem. Achou a cura que procurava quando reconheceu "o iluminado", aquele que lhe acolheu. Uma vez curada, "iluminada", Kisa Gotami pôde praticar aquilo que o budismo chama de *resignação infinita*: "...agora entendo que tudo que nasce deve morrer e precisamos aceitar isso. O conhecimento cura..." Muitos viajantes já aprenderam que o movimento da tristeza e do pesar começa com o lamentar das perdas. O pesar aproxima as pes-

soas. Assim como Kisa Gotami, "a frágil" da estória, num período de extrema tristeza veio a aceitar a morte de seu filho, somos chamados a abraçar nossa tristeza, nos desprender das perdas e superar a dor. Para os cristãos, isto acontece quando reconhecemos Cristo, que nos encontra, algumas vezes como um estranho, pelos caminhos da vida. Nosso coração se ilumina quando discernimos uma "presença" maior em nossa vida. O iluminado, o Cristo, caminha ao nosso lado e abre as escrituras para nos revelar os segredos de nossa vida. Poderia contar sobre uma perda e o que aprendeu com esta experiência? Como sua dor e tristeza lhe capacita para ajudar os outros? Como se aproximaria de maneira paciente e compassiva de alguém sofrendo por uma grande perda? Kisa Gotami se curou quando reconheceu "o Iluminado"; como você o reconheceu em sua vida?

Tempo de chorar e tempo de dançar:[6] Uma meditação no movimento da tristeza para a alegria

Em *A Time to Mourn, A Time to Dance* (Tempo de chorar, tempo de dançar), Nouwen nos indica uma meditação para o movimento da tristeza para a alegria[7].

---

6. "Tempo de chorar, tempo de dançar" faz alusão a Ecl 3,4 ("tempo de chorar, e tempo de rir; tempo de prantear, e tempo de dançar") [N.T.].

7. Esta meditação foi adaptada de NOUWEN, H. *A Time to Mourn, A Time to Dance* [s.l.]: [s.e.], 1977.

Como prática espiritual tente ler esta meditação em voz alta, devagar e com cuidado; enfatize aquelas palavras que chamem sua atenção. Pode fazer isso sozinho ou em grupo seguindo as regras da *lectio divina* ou pode lê-la como se fosse uma poesia.

Tempo de chorar e tempo de dançar

Jesus cantou lamentando: "Chore comigo". Tocou flauta e disse: "Dance comigo". Há um lugar secreto dentro de nós onde o Espírito renova nossa existência; há uma manjedoura onde o Filho nasce. Há frestas em sua alma onde sementes benfazejas podem crescer. O Espírito de Deus que habita em nosso interior diz: "Há tempo de chorar e tempo de dançar". O Espírito que nos cura e faz chorar é o mesmo que nos leva a dançar. O mistério da dança é que seus movimentos são descobertos no choro.

Tempo de chorar

Chorem, meu povo, chorem. Deixem a dor tocar seu coração e explodam em soluços e gritos. Chorem pelo silêncio que existe entre você e a pessoa amada. Chorem pelo roubo de sua inocência. Chorem por um abraço, pela ausência de um amigo íntimo, pela infertilidade. Chorem pelas mágoas de seus filhos, pela indiferença de seus amigos, pelo coração duro de seus colegas. Chorem por aqueles cuja fome de amor lhes infectou com o HIV, cujo desejo de liberdade lhes levou a campos de refugiados, cujo desejo de justiça lhes levou às prisões. Pranteiem pelos milhões que morrem por falta de comida, cuidados médicos, carinho... Pranteiem pela libertação, salvação e redenção. Pranteiem alto e profundamente e tenham confiança de que suas lágrimas farão seus olhos verem que o Reino de Deus está próximo; sim, ele está ao seu alcance!

Tempo de dançar
Ser curado significa responder ao chamado do Espírito para dançar. Você pode sentir o senso de liberdade quando se despe e nada restringe seus movimentos? Pode dançar como o Rei Davi dançava em frente da Arca da Aliança. Pode sentir a alegria de não ter nada a perder? Pode ver o sorriso bonito e singelo nos olhos de seu amigo que chora? Jesus toca nossa tristeza, pega-nos pela mão e convida para dançar. Quando dançamos, conscientizamo-nos de que não precisamos ficar no mesmo lugar, na tristeza, mas podemos nos mover, ir onde nunca fomos e assim descobriremos que o mundo inteiro é um palco. Não se agarre a seu pai, mãe, irmão, irmã ou amigo; não se agarre a ninguém – assim, terá vários pais, mães, irmãos, irmãs e amigos onde quer que esteja e o mundo será sua arena.

Visio divina: Os girassóis
Como exercício de visão sagrada ou divina, admire as maravilhosas e exuberantes flores pintadas por Vincent

van Gogh[8]. Ele experimentou tanta tristeza e melancolia quando estava vivo, mas foi igualmente capaz de vivenciar muita beleza e alegria. Quando admiramos seu magnífico quadro dos girassóis, quem pode dizer onde o choro termina e a dança começa? A salvação esta contida na dor. O choro chama a dança e a dança o choro – estão sempre juntos e formam uma misteriosa dualidade, um dueto. Van Gogh entendia isso e assim celebrou a vida.

Sinto-me conectado a Van Gogh, não porque também é holandês, mas porque foi um homem que realmente agonizou sobre questões espirituais e por isso tem muito a dizer às pessoas que procuram Deus. Sua juventude é marcada por seus esforços de se tornar pastor ou pintor. Em ambos os casos, sempre procurou se aproximar dos pobres. Quando deixou Borinage, onde vivia com os mineiros, já estava se tornando um pintor, cujos quadros deviam ser vistos, e não um pastor que devia ser ouvido.

Quanto mais vivo e mais tento entender minhas próprias batalhas, mais descubro em Van Gogh um companheiro. Uma de suas frases prediletas era: "Triste, mas sempre alegre". Sua vida e seus quadros ilustram os três componentes da vida espiritual. Em *solidariedade* choramos com aqueles que sofrem. Em *consolação* sentimos

---

8. Esta seção é uma compilação do livro *Turn My Mourning into Dancing*: Finding Hope in Hard Times ([s.l.]: W. Publishing Group/Thomas Nelson, 2001, p. 15 [Transforma meu pranto em dança]) e do artigo "Compassion: Solidariety, Consolation and Comfort" (*America*, mar./1976, p. 199) [Compaixão: solidariedade, consolação e conforto]).

suas dores. E oferecemos *conforto* porque não só compartilhamos as dores, mas damos coragem e esperança. Quando Van Gogh deixou o interior escuro da Holanda, ficou por pouco tempo em Antuérpia, depois foi a Paris, onde ficou cativado pelas cores fortes e alegres da cidade e de seus arredores. Em Paris, fez vários estudos sobre flores e passou a adorar pintar natureza-morta. Escreveu a seu irmão Theo cheio de entusiasmo: "É como se a natureza começasse a se incandescer. Há tons de ouro, bronze e cobre em tudo... um sol, para o qual não tenho palavras suficientes, que é amarelo, amarelo sulfúrico, amarelo suave, amarelo limão, dourado. Oh! Aqueles que não acreditam neste sol... são verdadeiros infiéis. O sol, luz na escuridão, luz que brilha sobre a natureza e as pessoas, luz que chama os mortos de suas covas. Aqueles que têm olhos para ver entendem que toda luz vem do sol". Quando admiramos o sol de Van Gogh entendemos sua capacidade de solidariedade, de consolar e passamos a sentir o grande sol que queima em nosso interior[9].

---

9. Esta meditação no sol das pinturas de Vincent Van Gogh é uma passagem do artigo "Compassion: Solidarity, Consolation and Comfort". Op. cit. Vale notar que Nouwen também ensinou um curso na Yale Divinity School em 1979, chamado "The Ministry of Vincent van Gogh".

4

Da mágoa para a gratidão

Os Trabalhadores da Última Hora
Porque o Reino dos Céus é semelhante a um homem, pai de família, que saiu de madrugada a assalariar trabalhadores para sua vinha. E, ajustando com os trabalhadores a um dinheiro por dia, mandou-os para sua vinha. E, saindo perto da hora terceira, viu outros que estavam ociosos na praça, e disse-lhes: Ide vós também para a vinha, e dar-vos-ei o que for justo. E eles foram. Saindo outra vez, perto da hora sexta e nona, fez o mesmo. E, saindo perto da hora undécima, encontrou outros que estavam ociosos, e perguntou-lhes: Por que estais ociosos todo o dia? Disseram-lhe eles: Porque ninguém nos assalariou. Diz-lhes ele: Ide vós também para a vinha, e recebereis o que for justo. E, aproximando-se a noite, diz o senhor da vinha ao seu mordomo: Chama os trabalhadores, e paga-lhes o jornal, começando pelos derradeiros, até os primeiros. E, chegando os que tinham ido perto da hora undécima, receberam um dinheiro cada um. Vindo, porém, os primeiros, cuidaram que haviam de receber mais; mas do mesmo modo receberam um dinheiro cada um. E, recebendo-o, murmuravam contra o pai de família, dizendo: Estes derradeiros trabalharam só uma hora, e tu os igualaste conosco, que suportamos a fadiga e a calma do dia. Mas ele, respondendo, disse a um deles: Amigo, não te faço agravo; não ajustaste tu comigo um dinheiro? Toma o que é teu, e retira-te; eu quero dar a este derradeiro tanto como a ti. Ou não me é

lícito fazer o que quiser do que é meu? Ou é mau o teu olho porque eu sou bom? Assim os derradeiros serão primeiros, e os primeiros, derradeiros; porque muitos são chamados, mas poucos escolhidos (Mt 20,1-16).

Não sei o que você pensa da Parábola dos Trabalhadores da Última Hora, mas ela me irrita muito[10]. Por que o proprietário paga àqueles que trabalharam apenas na última hora o mesmo daqueles que trabalharam o dia inteiro no vinhedo? Não é justo; não é correto. Se o proprietário não queria pagar mais para aqueles que trabalharam o dia inteiro, devia pelo menos tê-los pago *primeiro*; assim, não teriam visto quanto os trabalhadores da última hora receberam! Mas não é isso que faz! Paga os trabalhadores da última hora primeiro, paga-lhes o equivalente a um dia de trabalho, e isso na frente daqueles que tinham trabalhado o dia inteiro; claro, isso tudo cria ressentimento.

Quando reflito sobre esta parábola me conscientizo de que sou falso e hipócrita porque me magoo quando os trabalhadores da última hora recebem o mesmo salário de alguém como *eu*, que chegou cedo ao vinhedo da fé. Como me esqueço facilmente quão bom é passar o dia

---

10. "Não sei o que você pensa desta parábola, mas ela me irrita muito..." foi o que Nouwen disse em classe após ter lido a Parábola dos Trabalhadores da Última Hora na introdução de sua classe sobre a mágoa e a gratidão. Este capítulo é uma compilação de anotações de classe (M. Christensen. Yale Divinity School, 1979) e das reflexões de Nouwen sobre esta parábola em *Home Tonight*: Further Reflections on the Parable of the Prodigal Son. Nova York: Doubleday, 2009, p. 84 [*Hoje à noite*].

inteiro com meus irmãos e irmãs fazendo aquilo que o Senhor, que tanto me ama, me pediu para fazer. O que me impede de ficar alegre em ver a generosidade do proprietário para com as outras pessoas? Por que não me contento com aquilo que recebi? O movimento que nos leva a ter gratidão e não julgar os outros é uma verdadeira conversão[11].

O que é a mágoa?

A mágoa é uma paixão, um monte de reclamações paralisantes que nos causam raiva e nos deixam frustrados com pessoas e instituições das quais dependemos. *Paixão*, no senso antigo da palavra, significa o sofrimento (*pathos* = sofrimento) e o impedimento de agir racionalmente por causa de muita emoção. Algumas vezes isto é manifestado por acessos de raiva e violência, mas na maioria das vezes se manifesta como uma mágoa compulsiva e aprisionadora. Mas apesar da mágoa ser menos aterrorizadora e visível que explosões violentas de raiva, nem por isso é menos destrutiva.

Conhecemos a raiva e como é visceral. A psicologia afirma que é importante identificar e sentir a raiva e que

---

11. Nouwen escreveu sobre sua própria jornada da mágoa para a gratidão em *The Return of the Prodigal Son* (Nova York: Doubleday, 1992 [A Volta do Filho Pródigo] e em *Home Tonight*: Further Reflections on the Parable of the Prodigal Son (Op. cit., p. 85-88). Neste capítulo Nouwen reflete sobre a mágoa e a gratidão dentro do contexto da educação teológica, formação espiritual e ministério junto aos pobres.

algumas vezes é necessário explodir para que a raiva perca seu domínio sobre nós. Somos encorajados a "trabalhar" a raiva, encontrar as causas dela e tentar se comunicar com aqueles que nos machucam. Estas ações causam alívio e impendem a mágoa de se enraizar em nosso coração. Mas quando engolimos a raiva e não a demonstramos, ela se torna arraigada.

A mágoa é uma raiva aguda e calculista. Ela é visceral, endurece nosso coração e destrói nossa vida; faz-nos suspeitar de tudo, torna-nos cínicos e nos deprime. Com o tempo, transforma-se numa maneira de ser.

Muitas pessoas vivem com essa raiva calculista, com o sentimento profundo de que a vida não é justa, que sofremos sem razão e nada será feito de nossas reclamações. A mágoa é um dos sentimentos mais cruéis porque torna todo relacionamento e vida comunitária muito difícil; impede-nos de procurar o perdão e nos rouba a alegria; tira nossa liberdade e interfere em nossa criatividade; faz com que nos apeguemos a sentimentos negativos que passam a definir nossa identidade. Assim, tornamo-nos aquilo que não queremos ser e sentimos prazer na raiva não exprimida que vive em nosso interior. É desta *paixão* que devemos ser libertados para que possamos viver com gratidão e de maneira *eucarística*.

A mágoa é algumas vezes tão profunda que não é nem notada pela pessoa magoada. Esta pessoa anseia por situações de conflito que alimentam essa emoção negativa e forçam os outros a se tornarem defensivos. Assim sendo, torna-se fechada e fica praticamente impossível para os outros se aproximarem dela. Muitas pessoas que dão a vida pelos outros, que trabalham duro e são virtuosas, às vezes ficam magoadas. A mágoa é o tormento dos fiéis, virtuosos, obedientes e trabalhadores.

Os religiosos que desejam estar perto de Deus e servir o povo assim como as pessoas que trabalham em serviços sociais têm uma tendência a se magoar. Muitas vezes sentem-se usados, o que pode causar ressentimento; e as instituições religiosas e de serviços sociais que dão apoio ao trabalho dessas pessoas podem se transformar em verdadeiros ninhos de ressentimento. É por esta razão que a mágoa é conhecida dentro do cristianismo como a pior das emoções.

Lembro-me quando me conscientizei da mágoa no coração dos fiéis. Em 1973, pediram-me para organizar um retiro espiritual para dez seminaristas que iam ser ordenados. Esperava encontrar um grupo de estudantes cheio de vida, motivado e com boas perspectivas para o futuro ministério. Esperava que me acolhessem calorosamente, estivessem entusiasmados em passar tempo comigo conversando sobre assuntos importantes do ministério cristão, tivessem um senso profundo de comunidade desenvolvido ao longo dos anos e expressado naturalmente durante a prece em grupo e a missa. Finalmente, que fossem gratos pelo conhecimento recebido e pela espiritualidade experimentada, bem como uma atitude de esperança para com o futuro.

Não foi isso que encontrei. Achei um grupo de jovens estudantes cansados, não muito interessados em mais uma discussão em grupo sobre religião e que não aguentavam mais esperar para serem ordenados. Ao invés de hospitalidade, experimentei uma hostilidade sutilmente demonstrada pela óbvia falta de interesse em mim e por uma desconfiança da Igreja. Vi que não gostaram muito da ideia de participarem deste retiro espiritual; isto nesse lugar que no passado estava cheio de jovens que tinham ouvido o chamado para o ministério, mas que agora parecia vazio e vivendo de glórias passadas. Esses seminaristas evitavam falar sobre espiritualidade e não queriam rezar juntos, assim senti que tinham pouco interesse nas pessoas e em Deus. Falavam sobre o passado com amargura e sobre o futuro como se tivessem medo do que está por vir. Quando veio o momento para a última liturgia, não tínhamos muito para celebrar. Nem mesmo a música escondeu a falsidade de uma missa "sem" agradecimento.

Não quero generalizar e dizer que a Igreja ou todos os seminários estão nessa situação; entretanto, acredito que isso exemplifica o contínuo estado de paralisia que previne muitas pessoas com ideais e vocações espirituais de procurarem instituições religiosas. O terreno fértil para a esperança e a gratidão pode facilmente se tornar um ninho de despeito e ressentimento. Aquilo que começa como fé, celebração da vida e compaixão pode se tornar algo venenoso que nos tira a vitalidade e mata nosso entusiasmo (entusiasmo/*entheos* = *em Deus*).

Podemos beber do cálice?

No Evangelho de Mateus lemos a estória dos dois "filhos de Zebedeu" que queriam se sentar próximos a Jesus quando seu reino fosse instaurado. Tiago e João pediram à sua mãe que perguntasse isso a Jesus porque tinham medo de tocar no assunto. Assim, ela disse: "Dize que estes meus dois filhos se assentem, um à tua direita e outro à tua esquerda, no teu reino" (Mt 20,21). A resposta de Jesus não agradou os dois irmãos e nem aos outros discípulos; disse: "Não sabeis o que pedis. Podeis vós beber o cálice que eu hei de beber, e ser batizados com o batismo com que eu sou batizado?... o assentar-se à minha direita ou à minha esquerda não me pertence dá-lo, mas é para aqueles para quem meu Pai o tem preparado" (Mt 20,20-28).

Quando os outros discípulos ouviram isso, ficaram indignados com Tiago e João. Como puderam ousar a se comparar a Jesus? Entretanto, Jesus acalmou os ânimos, dizendo: "Bem sabeis que pelos príncipes dos gentios são estes dominados, e que os grandes exercem autoridade sobre eles. Não será assim entre vós; mas todo aquele que quiser entre vós fazer-se grande seja vosso serviçal; e, qualquer que entre vós quiser ser o primeiro, seja vosso servo; bem como o Filho do Homem não veio para ser servido, mas para servir, e para dar sua vida em resgate de muitos" (Mt 20,25-28).

Nós, como os filhos de Zebedeu, queremos estar perto do poder e cheios de glórias. Se não podemos estar numa posição de comando, queremos pelo menos estar próximo dela. Se não ousamos pedir este privilégio, pedimos a alguém que o faça por nós. Jesus nos relembra nesta passagem do Evangelho de Mateus que temos uma tentação de ser como Deus e uma tendência a nos magoar quando não somos privilegiados ou os primeiros a serem atendidos. Se não conseguirmos o primeiro lugar no reino que há de vir, o segundo já está bom. Aqueles que se julgam merecedores do primeiro lugar, mas que só conseguem o segundo, olham para cima com ressentimento e para baixo com suspeita. Numa situação competitiva e cheia de ciúmes como essa, não podemos servir nem a Deus nem às outras pessoas.

Quando nos apegamos às nossas reclamações, nosso coração se enche de mágoas e não há espaço para Deus entrar e nos libertar. A mágoa dificulta os movimentos do Espírito e diminui o Reino dentro de nós; substitui a fé, a esperança e a caridade com medo, dúvida e rivalidade. Faz uma grande diferença em nossa vida pessoal e social se respondemos a eventos com raiva e mágoa ou com amor e gratidão.

O que é a gratidão?

A gratidão (do latim *gratia* = favor) é o oposto da mágoa. É mais que um "agradecimento ocasional a Deus". É uma atitude que deixa a raiva passar e nos permite receber dádivas daqueles que servimos e torná-las uma fonte de celebração em comunidade. A gratidão está no centro da celebração e do ministério.

Quando reflito sobre o que significa viver e agir em nome de Jesus, descubro que posso oferecer aos outros não apenas minha inteligência, habilidades, poder, influência ou conexões, mas minha fragilidade humana, porque é através dela que o amor de Deus se manifesta. O ministério significa entrar em comunhão com outros levando consigo essa fragilidade e dizendo uma palavra de esperança. O grande paradoxo do ministério é este: ministramos em nossa fragilidade, mas recebemos daqueles a quem ministramos. Quanto mais estamos conscientes de nossa própria necessidade de cura e salvação, mais estamos abertos para receber com gratidão aquilo que os outros nos oferecem.

Quando estudei espanhol em Cochabamba, na Bolívia, conheci Lucha, uma das empregadas que trabalhavam no Instituto de Idiomas. Não falamos de Deus ou de religião, mas seu sorriso, sua gentileza, a maneira como corrigia meu espanhol e as estórias de seus filhos acenderam um ciúme espiritual em mim. Pensava: "Queria ter a pureza de coração desta mulher. Queria ser simples, aberto e gentil como ela. Queria estar centrado como ela". Mas aí me dei conta de que talvez não soubesse o que me dava. Assim, minha missão consistia em permitir a ela que me mostrasse Deus com sua gentileza e aceitar com gratidão aquilo que recebia.

A verdadeira libertação acontece quando libertamos as pessoas das amarras que lhes impedem de aceitar as dádivas que lhes são dadas. Isto vale tanto para o indivíduo como para a comunidade (grupos étnicos, culturais ou marginalizados). O que significa ter uma missão junto aos índios, bolivianos ou pessoas com deficiência? Significa primeiro de tudo descobrir com eles sua própria religiosidade, sua profunda fé na presença e atividade divina através da história, assim como seu entendimento do mistério da natureza que lhes rodeia.

Acho difícil aceitar que nestas situações o melhor que posso fazer é receber ao invés de dar. Quando recebemos de maneira aberta e genuína, aqueles que estão nos dando se conscientizam de suas dádivas. Podemos ver isso em nós mesmos porque nos conscientizamos de nossas dádivas quando vemos a gratidão nos olhos daqueles que as aceitam. Assim sendo, ela é considerada como uma virtude muito importante para o cristianismo. A palavra grega *charis* significa "dádiva", "graça" ou "bênção"; portanto, a vida *eucarística* é nada mais que uma vida cheia de gratidão.

Indo da mágoa para a gratidão

Deixar a mágoa para trás requer seguir na direção de algo mais benfazejo, requer adotar uma atitude de agradecimento. A mágoa nos paralisa e nos torna prisioneiros do nosso sofrimento; a gratidão nos abre para novas oportunidades e nos ajuda a superar nossos vícios e a seguir nossa vocação. A mágoa nos deixa exauridos pelo ciúme, pela confusão e por desejos de vingança, causa-nos distrações e preocupações infundadas; a gratidão nos renova, dá-nos vitalidade, entusiasmo, torna-nos focados e centrados.

Como podemos quebrar as amarras da mágoa e nos libertar do sofrimento que nos paralisa? A mágoa é muito conectada à nossa humanidade e não é facilmente levantada. Entretanto, quando confessamos nossos ressentimentos dentro de uma comunidade de fé que nos apoie e dê segurança, criamos espaço para a liberdade e o perdão. Quando isso acontece, a graça libertadora de Deus começa a renovar tudo. Aprendemos coisas novas e desenvolvemos um novo espírito de agradecimento; assim, tudo passa a ser recebido como uma dádiva.

A formação espiritual é o caminho pelo qual a mágoa se transforma em gratidão. Por meio de práticas espirituais que nos ajudam a superar o ciúme e a amargura, aprendemos a perdoar os outros e transformamos rivais em amigos, adversários em companheiros. O ato de servir pode parecer como algo só para santos; na verdade, é um reconhecimento humilde de que nossa vida deve ser compartilhada com, e não defendida dos, outros. Tudo que temos nos foi dado; nosso papel é sempre agradecer.

Como ir da mágoa para a gratidão é uma questão que cabe não apenas a indivíduos, mas também a instituições e comunidades de fé. Enquanto a Igreja, como instituição, pode se tornar um ninho de mágoas, a verdadeira comunidade cristã só se estabelece onde há espaço para demonstrarmos gratidão, recebermos dádivas e compartilharmos bênçãos[12]. Assim sendo, ela incorpora a natureza e função daquilo que normalmente chamamos de *igreja*, seja lá seu nome ou onde for.

A verdadeira comunidade cristã encoraja o espírito de gratidão e de servir. Convida-nos a estar atentos e escutar o chamado de Deus em nosso coração e lhe responder com agradecimento. Requer a remoção de defesas e a abertura de espaço para o Espírito de Deus. Implica a coragem de reconhecer vícios e abrir o coração para novas formas de existência. Tornamo-nos recebedores ao invés de usurpadores. Ajuda-nos a ver a dor e o sofrimento do mundo como um convite para uma mudança de atitude ao invés de como distúrbio.

Conheci um padre idoso que me disse: "Reclamei durante muito tempo que meu trabalho sofria muitas interrupções, até que descobri que essas interrupções eram o meu trabalho". É triste que apenas descobriu isso quando envelheceu. A mágoa é uma reclamação: a de que a vida não aconteceu como de esperado; que objetivos e projetos são constantemente interrompidos por eventos; que não há outra escolha e somos vítimas passivas de acontecimentos ao acaso. O movimento para a gratidão envolve a descoberta de que Deus está presente na história e de que tudo se desenrola como deve. Nosso dever espiritual

---

12. Em 1973, Nouwen falou da formação espiritual como "educação para o sacerdócio" e se referiu à autêntica comunidade cristã dentro do contexto da Igreja Católica Romana como "uma verdadeira formação de seminário". Estas noções foram atualizadas e expandidas neste capítulo pelos editores.

é aprender a vivenciar tudo que ocorre e confiar que Deus nos guia. Assim, a vida não é mais uma série de interrupções em nossas tarefas e planos, mas um caminho calmo e cheio de propósito que Deus molda e dirige todos os dias. A gratidão transforma a interrupção num convite, a reclamação num momento de contemplação.

Somos pedra ou graciosos dançarinos?

Uma vez vi um escultor remover grandes pedaços de uma grande pedra. Pensei: *Aquela pedra deve estar sentindo muita dor. Por que este homem a machuca tanto?* Mas pouco depois vi a figura de uma graciosa dançarina começando a aparecer.

Passei muito tempo construindo um muro de pedra ao redor de meu coração. Mas hoje em dia, quando me conscientizo como meu coração é duro, o muro começa a desmoronar. Isto me machuca, causa medo, dá raiva e é algo muito difícil. Mas tento me engajar nesse processo e não ter medo disso. Escuto uma voz dentro de mim, dizendo: "Não tenha medo. Reconheça que tudo em sua vida é uma dádiva. Deixe o muro desmoronar e fique contente com isso; saia da sua zona de conforto e tenha confiança. Tenha coragem, abra-se para aquilo que seu coração mais deseja, deixe o muro desmoronar. Abra-se, permita-me transformar seu coração de pedra num coração de carne".

Quando nos engajamos na formação espiritual, devemos visualizar nossa vida como uma parede de pedra que resiste a todas as pessoas e a tudo que tenta penetrá-la.

A mágoa nos impede de ver a mão de Deus trabalhando, mas a gratidão nos ajuda a vê-la, a ver que somos moldados paulatinamente numa verdadeira obra de arte, que estamos sendo preparados para oferecer nosso sofrimento para curar os outros. A autêntica formação permite que Deus esculpa a pedra de nossa alma e retire as pedras de mágoas. Cada vez que uma pedra, grande ou pequena, cai, sentimos uma dor. Cada vez que nos desapegamos de uma paixão, noção, ideia ou plano, de um comportamento e de uma amizade ou comunidade, sentimos um protesto interior. Mas quando aceitamos o trabalho escultor da carinhosa mão de Deus, descobrimos mudanças e que podemos nos transformar nos dançarinos que Ele visualizou.

Curar-se da mágoa e abraçar a gratidão requer algo parecido com uma dança; quer dizer, acreditar, mesmo que isso cause dor, que Deus dirige e compõe a sinfonia de nossa vida. O mistério da dança é que cada passo é descoberto individualmente: alguns são vagarosos, outros rápidos; alguns são gentis, outros bruscos. Se todos os passos de nossa jornada são movimentos benfazejos, tornamo-nos agradecidos porque *tudo* em nossa vida *é uma bênção*.

Tudo é uma bênção

A gratidão incorpora *toda* a vida: o bom e o ruim, o júbilo e o sofrimento, o sagrado e aquilo que não é tanto. Jesus nos demonstrou que a alegria e a tristeza nunca estão separadas, o regozijo e o sofrimento estão sempre juntos, e o choro e a dança são parte do mesmo movimento.

Demonstrou-nos que precisamos ser gratos por todos os momentos de nossa vida e aceitar nossa jornada como a maneira de moldar e fazer nosso coração se assemelhar ao seu. A gratidão não é simplesmente uma emoção ou atitude. Representa ter disciplina e nos relembra constantemente que Deus usou o passado para nos trazer ao presente e que continuará a nos guiar para o futuro. Desafia-nos a enfrentar eventos dolorosos (experiências de rejeição e abandono, sentimentos de perda e de fracasso) e descobrir neles sua mão; isso purifica nosso coração para o amor, esperança e fé.

Estou aprendendo que a gratidão nos pede para dizer: "Tudo é uma bênção". Não importa se há sofrimento ou júbilo porque posso dizer: "Sim, quero passar por isso; quero descobrir nisso as dádivas da vida". Quando nossa gratidão pelo passado é apenas parcial, nunca temos plenas esperanças para o futuro. Enquanto estamos magoados com coisas que aconteceram no passado, com relacionamentos que acabaram, com nossos erros, uma parte de nosso coração fica isolada e incapaz de florescer na vida que temos pela frente. Quando reivindicamos nossa história em sua totalidade, paramos de nos relacionar com o passado, de modo que nos lembramos dos bons tempos e esquecemos dos ruins; ao invés disso, vemos acontecimentos em nossa história como oportunidades para transformarmos nosso coração. Assim, o passado passa a ser acolhido com gratidão, lembrado com alegria e se torna uma fonte de energia para o futuro.

Precisamos nos relembrar que o cálice do sofrimento também é o da alegria e que o dividimos uns com os outros. Aquilo que nos causa tristeza pode se tornar uma fonte de alegrias quando reconhecemos seu *charis*, sua bênção. Não devemos hesitar em aceitar com gratidão o que nos aconteceu e precisamos entender como conectá-los ao amor e à orientação divina.

APROFUNDAMENTO: EXERCÍCIOS PARA A FORMAÇÃO ESPIRITUAL

Neste capítulo, Henri Nouwen nos contou uma história triste. Alguns seminaristas, em retiro espiritual, estavam magoados; assim, a missa não podia ser de *agradecimento* porque a mágoa não pode ser celebrada. Visto que esta emoção é tão destrutiva, o movimento da mágoa para a gratidão se torna algo muito importante. Quando nos engajamos neste movimento do Espírito, começamos a superar nossas mágoas e a levantar nossos braços a Deus. Isso nos liberta para servir em alegria; servir não como uma obrigação religiosa, mas como uma manifestação de nossa gratidão. Nouwen nos convida a olhar todos os acontecimentos da nossa vida e entendê-los como conectados ao amor e à orientação divina.

Reflexão

1) Pode se lembrar de um evento importante que lhe levou onde está hoje? Pode entender isso como algo conectado ao amor e à orientação divina?

2) Para Nouwen, ser grato significa viver a vida como uma dádiva; não importa onde vivamos, o que fazemos ou acontece conosco, precisamos sempre identificar nestas experiências a dádiva que nos é dada e ser gratos por ela. Consegue identificar um evento que foi muito difícil na época, mas que agora é grato por ter acontecido?

3) São Paulo nos encorajou a dar "sempre graças a tudo" (Ef 5,20) e nos relembrou que "todas as coisas contribuem juntamente para o bem" (Rm 8,28). Escreva dez coisas pelas quais pode ser grato por terem acontecido e compartilhe isso com seu grupo.

4) Leia a parábola dos filhos perdidos (Lc 15,11-32). Escreva uma página sobre a seguinte questão: De que maneira sou parecido com o filho mais velho da parábola? Para maior aprofundamento neste tópico, leia os capítulos 4 e 5 do livro *Return of the Prodigal Son* (A volta do filho pródigo) e o capítulo 2 de *Home Tonight* (Hoje à noite); veja seção "Leitura suplementar" também no final do livro.

Visio divina: A dançarina graciosa

As tropas russas invadiram Paris com muita violência em 1815. Logo após toda a destruição que aconteceu, o Hermitage fez uma importante aquisição de obras. Alexandre I organizou a compra da coleção de arte do Château de Malmaison, residência da Imperatriz Josefina, primeira mulher de Napoleão. Entre as obras de valor inestimável estavam quatro esculturas de Antonio Canova: *Hebe, Paris, Mulher dançando* e *Cupido e Psique*. Admire a imagem da *Mulher dançando* e reflita sobre este discernimento de Nouwen: "Uma vez vi um escultor remover grandes pedaços de uma grande pedra. Pensei: *Aquela pedra deve estar sentindo muita dor. Por que este homem a machuca tanto?* Mas pouco depois vi a figura de uma graciosa dançarina começando a aparecer"[13].

Pode se colocar no lugar da pedra e sentir a dor enquanto é esculpida numa dançarina? Que parte da muralha de pedra ao redor de sua alma Deus pode estar removendo neste momento? De que maneira resiste a isso? De que maneira agradece isso? Admire a estátua da *Mulher dançando* de Antonio Canova e reflita se pode sentir a frieza do mármore. Pode sentir os movimentos da dançarina? Pode se visualizar dançando sozinho ou com outra pessoa? O que lhe falta para conseguir dançar alegremente?

---

13. *Turn my Mourning into Dancing.* Op. cit., p. 102.

5

Do medo para o amor

Mesquinhos por medo

Uma vez um grupo fazia um levantamento dos recursos do mundo e disseram: "Como podemos ter certeza de que temos o suficiente para enfrentar os tempos difíceis? Queremos sobreviver a todo custo. Temos que começar a armazenar alimentos e conhecimento para termos segurança quando qualquer crise ocorrer". Assim começaram a armazenar, mas de uma maneira tão ávida que outras pessoas começaram a protestar: "Vocês têm muito mais do que precisam e nós não temos o suficiente para sobreviver. Dê-nos uma parte de sua riqueza!" Mas aqueles que acumulavam por medo disseram: "Nós precisamos disso num caso de emergência, em caso de algum desastre, caso nossa existência seja ameaçada". Os outros retrucaram: "Mas estamos morrendo; por favor, dê-nos alimentos, recursos e conhecimentos para que possamos sobreviver. Não podemos esperar, precisamos disso agora!" Assim, aqueles que acumulavam ficaram ainda com mais medo de que os pobres e famintos lhes atacassem, e disseram: "Temos que construir muros para resguardar nossa riqueza; assim ninguém poderá tirá-la de nós". Começaram a construir muralhas tão altas que nem podiam ver se seus inimigos estavam do outro lado, mas seu medo continuava crescendo e disseram: "Nossos inimigos são numerosos e podem destruir nossas defesas. Nossa muralha não é forte o suficiente, precisamos colocar arame farpado e *explosivos no topo delas; assim, ninguém ousará se aproximar de nós". Nem com isso se sentiram seguros e continuaram a se aprisionar naquele cárcere que tinham construído por causa do medo* (NOUWEN, H. Discurso ao Presbyterian Peace Fellowship Breakfast[14]).

Por que temos tanto medo?

Quanto mais pessoas conheço e quanto mais conheço as pessoas, mais me surpreendo com o poder e a negatividade do medo. Às vezes, o medo invade o indivíduo e a comunidade, parece impregnar todos os aspectos de nossa vida e passamos a nos esquecer o que é viver sem medo. Assim sendo, muitas pessoas deixam sua maneira de pensar, falar e agir ser motivada por ele. Temem por si mesmas e por seus conhecidos, pensando que algo ruim vai acontecer.

Há sempre alguma coisa a ser temida: dentro ou fora, perto ou longe de nós; visível ou invisível em nós mesmos, nos outros ou em Deus. O medo sempre está presente quando pensamos, falamos, agimos e reagimos; é uma força onipresente que não pode ser ignorada. Às vezes está tão arraigado que controla, conscientemente ou não, nossas escolhas e decisões. Quando se torna incontrolável, pode se tornar tirânico e nos forçar a viver como prisioneiros atrás das grades do terror.

---

14. Outras versões deste texto aparecem em *Lifesigns*: Intimacy, Fecundity, and Ecstasy in Christian Perspective (Nova York: Doubleday, 1986, p. 110 [Sinais de vida]) e em *The Road to Peace* (Nova York: Orbis, 1998, p. 56-57 [O caminho da paz]).

Quando impregna nossa vida, vivemos atrás dessas grades e passamos a ver o mundo através delas. Desta posição só podemos ver alienação e escassez. Muitas vezes aqueles que estão no poder usam o medo para nos controlar e dividir; fazem com que façamos o que querem. O medo é uma arma muito eficiente nas mãos daqueles que nos controlam: pai, mãe, professor, médico, chefe, bispo, igreja ou mesmo Deus. Enquanto tememos, fazemos, falamos e pensamos o que querem.

Os assuntos importantes da nossa época (aqueles que aparecem nos jornais e noticiários) são aqueles conectados com o medo e o poder. O que farei se não me casar, arrumar uma casa, um trabalho, um amigo ou um benfeitor? O que farei se for despedido, se ficar doente, se tiver um acidente, se perder meus amigos, se meu casamento acabar, se estourar uma guerra? A verdade espiritual destas temerosas questões é esta: nunca levam ao amor porque por detrás delas há outras ainda mais temerosas. Quando decido que para ter um filho preciso ter condições de mandá-lo à faculdade, emaranho-me em muitas questões que me causam ansiedade, questões de trabalho, de casa para morar, dos amigos que tenho e assim por diante. Quando ponho na cabeça que não posso ser feliz sem amigos influentes e dinheiro, fico ansioso e sempre quero mais. O medo gera medo, nunca o amor.

O controle que tem sobre nossa vida pode ser bem sutil. Não podemos acreditar conscientemente que todo mundo à nossa volta é nosso inimigo. Quando isto se torna uma realidade, tornamo-nos estranhos em nossa própria terra: temerosos, isolados e impotentes. Ao invés de autoconfiança e liberdade, experimentamos ansiedade e paralisia. Ao invés de esperança e alegria, sentimos um vazio interior e tristeza. Não vivemos num lar cheio de amor, no qual Deus está presente, mas numa prisão construída pelo medo.

A casa que o amor construiu

Quando estava na América Latina vivi entre os pobres e oprimidos por vários meses e me conscientizei de que não tinham medo. Eram pessoas muito simples e cheias de gratidão, mas que viviam em lugares inóspitos. Onde vi fome, sofrimento e agonia, também achei júbilo, gratidão e paz[15]. Assim, ganhei o discernimento de que a opressão e a pobreza do Hemisfério Sul estão diretamente conectadas com medo, ansiedade e isolamento daqueles que vivem no Hemisfério Norte. Estas duas realidades não podem ser separadas. Sofremos porque temos medo, e assim nos tornamos isolados e mesquinhos; isso não pode ser separado do sofrimento e da opressão enfrentados por aqueles que vivem nos tão chamados países "em desenvolvimento". De certa forma, nós que habitamos na América do Norte praticamente esquecemos das coisas que nos levam a uma

---

15. Em *Gracias!* – A Latin American Journal (Harper & Row, 1983) e *Love in a Fearful Land* – A Guatemalan History (Orbis, 2006) [Amor na terra do medo], Nouwen desenvolve o tema do amor e do medo, bem como o da dádiva da gratidão.

vida cheia de amor; quase desistimos de nossas esperanças coletivas de viver num lugar pleno do amor divino. Trocamos tudo isso pelo fortalecimento de nossas fronteiras, sistemas de segurança e bairros fechados.

Quando São João diz de maneira tão bonita que "o amor lança fora o temor", está se referindo ao amor divino[16]. Não detalha um plano estratégico para o desenvolvimento de objetivos ou sistemas de segurança. Não fala da afeição humana, compatibilidade psicológica, atração mútua ou profundos sentimentos interpessoais. Tudo isso tem seu valor, mas o amor perfeito de que São João fala incorpora e transcende todos os planos, sentimentos, emoções e paixões. *O amor perfeito que lança fora o medo* é o amor divino; somos convidados a compartilhá-lo e a nos relacionar intimamente com sua fonte original. O lugar onde podemos nos relacionar intimamente com Deus não foi construído por mãos humanas; foi assim concebido por Deus que "habita entre nós" e que nos convida a se juntar a Ele em sua casa.

Habitando no amor

Encontramos várias palavras para "lar" no Antigo e Novo Testamentos. Os Salmos estão cheios de súplicas pedindo para morar na casa do Senhor, procurando refúgio sob suas asas e proteção no Templo de Deus; os salmos louvam os lugares sagrados, a maravilhosa tenda e o refúgio do Senhor.

---

16. Alusão a 1Jo 4,18 [N.T.].

Podemos dizer que a frase *morar na casa do Senhor* sumariza todas essas aspirações que encontramos nos Salmos. Portanto, é de uma significância enorme quando São João descreve que Jesus, o Verbo, "habita entre nós" (Jo 1,14); também nos conta que Jesus lhe convidou junto com seu irmão André para se hospedarem em sua casa (Jo 1,38-39) e que se revelou como sendo o novo templo (Jo 2,19-21). Isto fica ainda mais evidente quando Jesus faz seu discurso de despedida: "Estai em mim, e Eu em vós" (Jo 15,4). Jesus incorpora a plenitude de Deus e se torna nosso lar; quando habita em nós, permite-nos habitar nele; quando estabelece uma relação íntima conosco, dá-nos oportunidade de estabelecer uma relação íntima com Ele; quando nos escolhe como *sua* habitação preferida, convida-nos para escolhê-*lo* como a nossa. Podemos nos perguntar: É realmente possível viver na casa do amor ou estamos tão acostumados a viver com medo que nos tornamos surdos para a voz que nos diz "não tenha medo"?

Não tenha medo

Não somos os únicos que precisam escutar a voz que nos diz "não tenha medo". Esta frase ocorre muitas vezes no Novo Testamento. Sempre que os anjos aparecem, dizem: "Não tenha medo". Foi isso que o Anjo Gabriel disse a Zacarias quando apareceu para ele no templo e disse que sua mulher, Isabel, teria um filho; Maria também ouviu esta mesma frase quando este anjo lhe visitou em Nazaré e anunciou que teria um filho, cujo nome seria Jesus.

Durante sua vida e ministério, Jesus ensinou a seus discípulos que não deviam temer. Quando os discípulos estavam com muito medo por causa de uma grande tempestade que se aproximava do lago, Jesus dormia no barco. Seus discípulos lhe acordaram e disseram com ansiedade: "Senhor, salva-nos!, que perecemos" (Mt 8,25); e nós fazemos o mesmo quando sentimos muito medo. Jesus lhes respondeu: "Por que temeis, homens de pouca fé?" (Mt 8,26), e depois rebateu os ventos e o mar, trazendo uma calmaria (*ver* Mt 8,23-27). "Não tema, não tema, não tema" também foi ouvido pelas mulheres que visitavam o túmulo de Jesus e viram que a pedra que o lacrava tinha sido removida.

Quando o Senhor as reencontra lhes diz: "Eu vos saúdo... Não temais" (Mt 28,9.10). "Eu sou o Senhor do Amor que lhes convida para receber as dádivas de alegria, paz e gratidão; não temam para que possam compartilhar aquilo que têm medo de perder". Cristo nos convida para sair da prisão erigida pelo medo e entrar na casa construída pelo amor; não mais aprisionados, mas libertos. "Venham a mim, venham à minha casa, a vivenda do amor".

Uma voz nos diz continuamente "não temam, não tenham medo", e isto nos assegura. Ela aparece várias vezes na história como sendo a dos mensageiros de Deus, dos anjos e santos, e do próprio Cristo. É a voz que anuncia uma nova maneira de ser, de viver na casa do amor, na casa do Senhor.

Jesus viaja conosco pela vida e nos ensina a retornar à morada do amor. Achamos difícil seguir seus ensinamentos porque nos amedrontamos quando nos deparamos com tarefas impossíveis, muros altos, ondas fortes, ventanias e tempestades. Dizemos: "Sim, sim... mas olhe!" Jesus é um professor paciente e nunca para de nos dizer onde devemos construir nossa verdadeira casa, o que procurar e como viver. Quando estamos distraídos, ficamos concentrados nos perigos e esquecemos o que acabamos de escutar. Mas Jesus sempre nos diz: "Estai em mim, e eu em vós... [porque] quem está em mim, e eu nele, esse dá muito fruto... Tenho-vos dito isto para que o meu gozo permaneça em vós, e o vosso gozo seja completo" (Jo 15,4; 5,11). É assim que Jesus nos convida para viver em sua casa.

Indo do medo para o amor

A prece representa uma maneira de sairmos da prisão criada pelo medo e de entrarmos na casa construída pelo amor. Ela nos ajuda a superar o medo relacionado com a vida interpessoal: "O que ele ou ela pensa de mim? Quem são meus amigos e inimigos? De quem realmente gosto e não gosto? Quem me aprecia? Quem me faz sofrer? Quem diz coisas boas, ou más, a meu respeito? Somos muito preocupados com nossa identidade e em nos diferenciar dos outros. Enquanto nosso senso de "eu" depender do que outras pessoas pensam, dizem e interagem conosco, tornamo-nos prisioneiros de relações interpessoais e nos agarramos às outras pessoas na procura de nossa identidade. Assim, não somos mais livres e nos tornamos temerosos.

A escolha do amor ao invés da ansiedade, abrir o coração e ficar na intimidade de Deus que tanto nos ama, constitui uma maneira de rezar neste mundo aterrorizador. Quando entendemos no fundo de nossa alma que estamos sempre rodeados de amor e conectados a Deus, não nos amedrontamos mais. Não há um só dia de nossa vida em que não experimentamos algum medo, ansiedade, apreensão e preocupação, mas não temos que viver com medo porque o amor é mais forte: "No amor não há temor, antes o perfeito amor lança fora o temor" (1Jo 4,18).

A melhor expressão do que significa habitar na casa do amor foi expressa por Andrei Rublev em 1410 em seu ícone da Santíssima Trindade, pintado em memória de São Sérgio de Radonej (1313-1392) da Rússia. Este ícone me ajuda muito a visualizá-la e sua história é inspiradora.

Há muito tempo atrás na Rússia, um pequeno vilarejo sofreu muitos ataques e os monges do mosteiro local ficaram ansiosos e não conseguiam mais se concentrar em suas preces por causa disso. O abade mandou chamar seu pintor de ícones, Rublev, e pediu que pintasse um ícone que ajudasse os monges a se concentrarem em suas orações em meio a todos estes distúrbios e estresse. Rublev pintou um ícone baseado na estória da visita dos três anjos a Abraão no Gênesis que se sentam à mesa e lhes é oferecida toda hospitalidade. No ícone, o anjo ao centro aponta para o cálice com dois dedos e se inclina para o anjo à sua esquerda, o qual diz uma bênção. O terceiro anjo, à direita, aponta para uma abertura retangular na frente da mesa e assim convida quem olha para se juntar e tomar parte neste encontro espiritual. Estes três anjos formam uma misteriosa dinâmica de movimentos e perfeição. Quando os monges rezavam olhando este ícone e seu dinamismo, conscientizavam-se de que não precisavam ter medo, conseguiam orar e não ficavam aflitos.

Quando oro com este ícone, liberto-me dos meus medos e me concentro naquela pequena entrada, sou levado e bem recebido ao lugar onde Deus habita. Isto se tornou para mim uma maneira de ir cada vez mais fundo no mistério divino enquanto permaneço conectado às minhas lutas, a este mundo cheio de ódio e temores.

Habitando todos os dias na casa do amor

Nosso desafio é deixarmos ir o medo e nos conhecermos melhor. Quando esquecemos que somos filhos de Deus, perdemos o rumo da vida. Ficamos com medo, e ele começa a nos dominar. Mas quando abrimos espaço para Deus, começamos a escutar sua voz, conscientizamo-nos e sentimos seu "perfeito amor" e nos tranquilizamos. O medo pode retornar pela manhã e teremos que lutar contra ele, mas sempre podemos nos reconectar ao amor divino e superá-lo. Cada vez que sentimos medo, podemos nos abrir para a presença de Deus, escutar sua voz e sentir seu "perfeito amor [que] lança fora o temor" e nos liberta.

Portanto, vemos que *não* precisamos ser parte das forças da escuridão, *não* precisamos construir nosso lar entre elas e podemos escolher nossa verdadeira morada. Esta escolha não acontece apenas uma vez. Precisamos viver intencionalmente uma vida espiritual que envolve orar continuamente, praticar a *lectio divina* e respirar o sopro de Deus a todos os momentos. Estas práticas espirituais (e outras como hospitalidade, amizade espiritual, prece contemplativa, perdão comunitário e celebração da vida) nos relembram que somos amados. Quando as praticamos regularmente, saímos da prisão instaurada pelo medo e entramos na tenda do Senhor[17], como o salmista proclamou: "habitare[mos] na casa do Senhor por longos dias" (Sl 23,6).

Uma casa de amor para todos

O movimento do medo para o amor não é só necessário para nós como indivíduos, é também necessário para a sobrevivência da humanidade. Se continuarmos a nos concentrar em nossos medos (medo de terroristas, medo do socialismo, medo de não sermos a nação mais rica e poderosa e muitos outros medos menores) para justificar

---

17. Em *Peacework:* Prayer Resistance Community (Nova York: Orbis, 2005 [O trabalho de paz]), Nouwen argumentou que práticas comunitárias como a oração, a resistência e o senso de comunidade nos ajudam a ir do medo para o amor. Em *Lifesigns*, argumentou que a casa do amor tem três qualidades (intimidade, fecundidade e êxtase), as quais são experimentadas como dádivas e sinais por aqueles que nela habitam.

tempo, dinheiro e energia que gastamos desenvolvendo armas devastadoras, nosso planeta não terá muita chance de sobreviver além desta geração. *Precisamos* deixar a vontade e as ameaças de morte para trás e procurar como nação maneiras de nos reconciliarmos, cooperarmos e ajudarmos internacionalmente. Necessitamos de institutos, ministérios e forças de paz. É imperativo uma reforma do sistema de educação, da Igreja, da economia de mercado e dos meios de entretenimento para que a paz se torne central a elas. Faz-se mister uma nova ordem econômica que vá além do capitalismo e do socialismo, e tenha a paz e a justiça como objetivos centrais. Precisamos acreditar como nação que uma nova ordem internacional é possível e que as rivalidades entre nações são algo do passado, algo como as rivalidades entre cidades da era medieval.

Será que podemos conceber uma espiritualidade na qual os ensinamentos dos evangelhos guiam não apenas o comportamento dos indivíduos, mas o de nações também? Será possível criar um movimento social que nos leve do medo para o amor, da morte para a vida, da estagnação para o renascimento, de viver como rivais para viver como povo de Deus, como uma família humana? Muitos dirão que isto é pura utopia; ficam contentes em aceitar os ensinamentos de Jesus para sua vida pessoal e familiar, mas os consideram irreais quando se fala de relações internacionais. Entretanto, Jesus enviou seus apóstolos não apenas a indivíduos, mas a todas as nações para que seus ensinamentos lhes fossem ensinados (Mt 28,19-20). No dia do julgamento final, Jesus lhes chamará a comparecer em frente ao seu trono e lhes perguntará: "O que vocês fizeram a algum dos meus menores irmãos?" (Mt 25,31-46). A vida de discípulo vai além da devoção pessoal e da fidelidade comunitária. Nações inteiras, e não apenas indivíduos, são chamadas a deixar a prisão do medo, onde a suspeita, o ódio e a guerra imperam, e a entrar na morada do Senhor, onde a reconciliação, o cuidado e a paz reinam.

Os grandes líderes espirituais, como São Benedito, Santa Catarina de Sena, Martin Luther King Jr. e Thomas Merton conheciam esta verdade: o poder renovador da Palavra de Deus não pode ser aplicado apenas dentro dos confins da vida pessoal e interpessoal. Eles proclamam uma Nova Jerusalém, nova terra e uma nova comunidade global. Aqueles que têm a coragem de entrar na intimidade e experimentar a hospitalidade de Deus podem ser vistos como os novos São Francisco da nossa era porque vislumbram a nova ordem que nasce da antiga. O mundo está à espera de novos santos, homens e mulheres profetas conectados ao amor divino e capazes de conceber um novo mundo onde a justiça reina e não há mais guerras. Hoje em dia, conectamo-nos ao amor divino quando escapamos do medo, mas na verdade ansiamos pelo dia que habitaremos nele de maneira plena e para todo o sempre.

A casa do Senhor pertence a todas as pessoas; nela há uma dinâmica de segurança, intimidade e hospitalidade; superamos nossos medos, ganhamos confiança, descobrimos liberdade, comunidade e alegria; a paz se torna possível, a justiça pode ser praticada e o ministério exercido com eficácia. Nela agimos, confiamos e amamos com liberdade e sem medo.

Aprofundamento: Exercícios para a Formação Espiritual

Não precisamos ser lembrados de que o mundo é um lugar perigoso e podemos estar rodeados por pessoas que só querem nosso mal. Podemos viver numa região que foi ocupada por inimigos; podemos ter medo das mudanças e de tudo que acontece. Pode parecer que "os principados e potestades" (Ef 6,12) da escuridão estão impregnando nossa sociedade e que a paz e a justiça se tornam impossíveis. Não queremos ter medo das pessoas na rua, mas temos. Não queremos trancar o carro ou a casa, mas trancamos. Não gostamos de avisar nossos pais, filhos e amigos para não saírem na rua sozinhos, mas avisamos. Num mundo como esse, como vamos do medo para o amor?[18]

Reflexão

As seguintes questões podem ser usadas para reflexões solitárias ou em grupo:
1) O que lhe causa medo e ansiedade hoje em dia?
2) Do que e de quem sente mais medo?

---

18. Em *Peacework* achamos mais algumas reflexões e meditações de Nouwen sobre o tópico do medo e do amor.

3) O que acumula ou guarda por causa do medo da escassez?

4) Quando foi e em que circunstâncias se sentiu seguro e sem medo?

5) Como Deus lhe mostrou seu amor e cuidado hoje?

6) Qual o significado do seguinte verso para você: "O amor lança fora o temor"? (1Jo 4,18).

Visio divina: **Habitando na casa do amor**

Encontre tempo, pelo menos dez minutos, para praticar a *visio divina* (visão sagrada ou divina)[19]. Admire o ícone da Santíssima Trindade de Rublev e escute o que Nouwen diz sobre ele em seu livro *Behold the Beauty of the Lord* (Contempla a face do Senhor): "Quando estamos defronte ao ícone e rezamos, somos gentilmente convidados para nos juntar e participar da conversa íntima que ocorre entre os três anjos. A pessoa que ora participa do movimento entre as pessoas da Santíssima Trindade e é levada e acolhida nas alturas"[20].

Admire a intimidade entre as três pessoas no ícone; fixe seus olhos na pequena porta na frente da mesa; depois, tire seus olhos da imagem e reze um dos versos a seguir em voz alta; repita este processo novamente.

---

19. Esta seção é uma compilação de "The Mystery of the Passion", do vídeo *From the House of Fear to the House of Love*: A Spirituality of Peacemaking (Centre for Social Concerns, University of Notre Dame, 2002) e de *Behold the Beauty of the Lord*: Praying with Icons ([s.l.]: Ave Maria Press, 1987).

20. *Behold the Beauty of the Lord*. Op. cit., p. 20.

Reflita firmemente na verdade destes versos:
- "Deus é nosso refúgio e fortaleza, socorro bem presente na angústia" (Sl 46,1).
- "Mas eu confiei em ti, Senhor" (Sl 31,14).
- "Porque Ele é o nosso Deus, e nós povo do seu pasto e ovelhas da sua mão" (Sl 95,7).
- "Porque estou certo de que nem a morte, nem a vida, nem os anjos, nem os principados, nem as potestades, nem o presente, nem o porvir; nem a altura, nem a profundidade, nem alguma outra criatura nos poderá separar do amor de Deus, que está em Cristo Jesus nosso Senhor" (Rm 8,38-39).
- "Certamente que a bondade e a misericórdia me seguirão todos os dias da minha vida; e habitarei na casa do Senhor por longos dias" (Sl 23,6).

Para terminar, leia a seguinte passagem do Sl 27 em voz alta:

> Uma coisa pedi ao Senhor, e a buscarei: que possa morar na casa do Senhor todos os dias da minha vida... Porque no dia da adversidade me esconderá em seu pavilhão; no oculto de seu tabernáculo me esconderá... Também agora minha cabeça será exaltada sobre os meus inimigos que estão em redor de mim; por isso oferecerei sacrifício de júbilo em seu tabernáculo; cantarei, sim, cantarei louvores ao Senhor (Sl 27,4-6).

Parte III

Os movimentos maduros

6

Da exclusão para a inclusão

O monge e o aleijado

Um dia Abba Agathon (um dos Padres do Deserto) foi à cidade vender alguns artigos e se deparou com um aleijado sentado na beira da rua que lhe perguntou onde estava indo. Abba Agathon lhe respondeu: "Vou à cidade vender algumas coisas". O aleijado então lhe pediu: "Por favor, carregue-me até lá". Feito isso, o aleijado lhe pediu mais uma coisa: " Por favor, coloque-me perto das suas mercadorias", e assim, quando Abba Agathon vendeu uma delas, o aleijado lhe pediu um doce. Isso foi feito, e quando o outro vendeu mais uma coisa, o deficiente físico lhe perguntou por quanto a havia vendido. Quando lhe respondeu, o aleijado lhe pediu um presente e também foi comprado. O padre acabou vendendo todas as suas coisas e estava pronto para partir quando o outro lhe perguntou: "Vai de volta? Por favor, carregue-me para onde me encontrou". Quando lá chegaram, o aleijado disse: "Agathon, você é uma pessoa abençoada, na terra como no céu". Dito isso, Abba Agathon olhou e não viu mais o homem; tinha sido um anjo do Senhor (Estórias dos Padres do Deserto[1]).

---

1. WARD, B. (trans.). The Sayings of the Desert Fathers. [s.l.]: Cistercian Publications, 1975; apud NOUWEN, H. "The Monk and the Cripple: Toward a Spirituality of Ministry". *America*, 142, 1980, p. 205-210.

Quando somos solidários, deixamos de excluir e passamos a incluir, abraçamos o grande mistério e a comunidade. Este movimento pede uma *hospitalidade radical, intimidade espiritual* e *comunhão com Cristo*.

A hospitalidade radical

O autor da Carta aos Hebreus nos encoraja a sermos hospitaleiros para com estranhos: "Não vos esqueçais da hospitalidade, porque por ela alguns, não o sabendo, hospedaram anjos" (Hb 13,2). Muitas vezes é difícil sermos amorosos e abertos com pessoas com as quais não nos identificamos ou que não agem da maneira que julgamos correta. Eu me irritei muito com a estória de Abba Agathon e do aleijado porque mostra claramente como uma pessoa doente usa sua situação para manipular e tirar vantagem do inocente monge. Mostra que ministros e padres precisam de treinamento para não se tornarem vítimas do egoísmo das outras pessoas. Quantas vezes fui usado por "vários tipos de aleijados" que conheciam meu ponto fraco e não hesitavam em tirar vantagem de mim? Se queremos ministrar, precisamos entender a diferença entre servir aos outros e ser explorado por eles; portanto, faz-se necessário saber o que motiva e quais são as necessidades do ser humano.

Entretanto, na estória, Abba Agathon não pensou como eu. Não tem grandes planos ou projetos; não pensa em ajudar os pobres e doentes. Apenas se dirige ao mercado para vender algumas coisas como cestos de vime que fabricou em sua cela. Não tem poder ou influência, obrigações ou preocupações; não tem nada a perder. Quando encontra o aleijado, faz o que lhe é pedido sem julgar ou esperar algo em troca. Ele se dá ao outro e é levado (alguns diriam, manipulado) a fazer coisas que preferiria não fazer.

A maioria de nós faz uma distinção entre aqueles que estão em necessidade e aqueles com poder de ajudar. Entretanto, suas ações nos revelam a verdadeira natureza da compaixão e da comunidade. Quando nosso coração está cheio de preconceitos, preocupações e medos, não há muito espaço para o desconhecido. A verdadeira hospitalidade não exclui; ela inclui, requer uma completa abertura para as outras pessoas e cria espaço para uma gama de experiências humanas. O verdadeiro ministério envolve servir, estar aberto e ser hospitaleiro. Ele requer "sofrer com" o outro numa comunidade de iguais, solidária e não autoritária. Abba Agathon não andava errante pela vida simplesmente aceitando o que lhe acontecia; pelo contrário, tinha fé e seguia o chamado divino. Não vagava pela vida, mas era guiado pelo Senhor. Este é o mistério do ministério e a razão pela qual foi louvado com as palavras: "Você é uma pessoa abençoada, na terra e também no céu".

O caminho para Daybreak

Não tive a sorte de Abba Agathon. Perambulei sem destino durante muitos anos por universidades, mosteiros e missões tentando entender minha verdadeira vocação e achar um lugar que pudesse realmente chamar de lar.

Quando conheci Jean Vanier, o fundador do L'Arche[2], ele me entendeu completamente. Percebeu que não estava feliz, que era ansioso, que procurava algo. Disse-me: "Acho que temos um lugar para você; talvez nossa comunidade possa lhe ensinar alguma coisa, algo que parece precisar". Levei tempo para me decidir, mas finalmente em 1986 deixei o mundo acadêmico e me juntei à comunidade L'Arche Daybreak no Canadá. Daquele momento em diante minha vida mudou muito, tive que mudar minha concepção de igreja e comunidade, minha maneira de ver as pessoas e estar aberto a outras opiniões e entendimentos. Em retorno, encontrei um lar cheio de amor e propósito.

Na comunidade Daybreak, conheci Adam; nele encontrei uma pessoa com muitas deficiências físicas e mentais, mas encontrei também uma via de acesso para Deus. Minha amizade com ele me permitiu ouvir de Deus: "Abençoados sejam os pobres" (não aqueles que *trabalham* com os pobres, mas os *pobres*); "Henri, você quer ser como eles para que Eu possa habitar em você?"

Adam me ensinou que a comunidade gira em torno dos mais fracos. Ele não podia cuidar de suas próprias necessidades físicas; não podia falar, trabalhar, comer sozinho, ou dirigir. Trabalhei como enfermeiro dele e moramos numa casa de dez pessoas; éramos cinco enfermeiros e cinco

---

[2]. A Community of the Ark é uma comunidade de pessoas com deficiências físicas e mentais presente na França e em várias partes do mundo. Há uma destas comunidades perto de Toronto, a L'Arche Daybrake, e Nouwen fez parte dela.

pessoas com deficiências. Da perspectiva de quem está de fora, os enfermeiros são fortes e poderosos e os membros da comunidade são fracos e impotentes. Entretanto, da perspectiva de quem está dentro é o contrário; Adam era o mais forte porque nos ajudou a formar uma comunidade, a nos amarmos e a aceitarmos nossas peculiaridades. Suas fraquezas nos mostraram as nossas e juntos formamos uma comunidade muito hospitaleira, aberta e solidária.

O que é a comunidade?

No passado, *comunidade* significava para mim um lugar conhecido que me dava segurança e onde apenas pessoas parecidas comigo estavam presentes. Nasci numa família católica holandesa e tinha uma noção bem clara de quem *éramos* e quem *eram os outros*, aqueles que não são católicos, pessoas não religiosas, divorciados, homossexuais[3]. *Nós* estávamos acima deles porque acreditávamos nos ensinamentos e levávamos uma vida correta. Minha família, comunidade, seminário e igreja me davam segurança porque tudo era muito bem definido.

Entretanto, quando estava ensinando em Yale e Harvard, meu mundo começou gradualmente a mudar. Aprendi com meus alunos que a comunidade espiritual e Deus são maiores do que concebia, e quando me juntei

---

[3]. Nouwen escreveu em vários lugares sobre seu colapso nervoso pouco após se juntar à comunidade L'Arche e como seu entendimento e expectativas da vida mudaram, e os desafios emocionais que enfrentou. Cf. *Spiritual Direction*: Wisdom for the Long Walk of Faith. [s.l.]: HarperOne, 2006, p. 121-123.

à comunidade L'Arche meu mundo caiu. É aterrador quando vemos a segurança de nosso mundo se dissolver. Como é possível que descrentes acreditem e saibam mais do que aqueles que creem? Como é possível recebermos algo tão valioso daqueles que não têm nada? Conscientizei-me paulatinamente de que as diferenças entre católicos e protestantes, cristãos e budistas, pessoas religiosas e não religiosas não são o que pensava; na verdade, quando olho bem verifico que, apesar das distinções, há algo que une profundamente todas essas pessoas.

Com o tempo, reconstruí meus entendimentos e minha vida, levando em conta esta nova noção de comunidade; quer dizer, da comunidade como morada do perdão e da celebração, onde somos mais iguais que diferentes. Conscientizei-me de que a diferença entre as pessoas com e sem deficiência não existe; sou capaz de amar àqueles com problemas físicos e aos intelectuais porque também tenho minhas próprias deficiências; posso estar junto de pessoas que sofrem porque me revelam meu próprio sofrimento. Parei de me comparar aos outros, de querer ser diferente. Entendi que o chamado espiritual não significa tentar se diferente, mas igual aos outros; significa estar com os outros. Ao invés de vagar pela periferia da vida tentando achar pequenas diferenças, sou chamado ao centro dela e a ser solidário com os outros seres humanos.

Thomas Merton também se conscientizou disso na esquina da 4th e Walnut Street em Louisville, Kentucky, no dia 19 de março de 1958. Escreveu em seu diário:

...de repente me conscientizei de que amava todas as pessoas e elas não eram totalmente estranhas a mim. Foi como o despertar de um sonho, um sonho de separação, de tentar ser especial pela diferença. Minha vocação não me faz diferente das outras pessoas ou me coloca numa posição especial entre elas... Continuo sendo um membro da raça humana e isso é uma glória porque o Verbo se fez carne e assim se tornou humano![4]

Essa revelação libertou Thomas Merton da "diferença ilusória" que existe entre os seres humanos e lhe deu alívio; ele disse: "...me deu tanta alegria que quase ri alto; essa alegria pode ser descrita nas seguintes palavras: 'Obrigado Deus, obrigado Senhor por ser como os outros, por ser um entre outros... É uma coisa maravilhosa ser um membro da raça humana'"[5].

Assim sendo, uma experiência momentânea de solidariedade para com toda a humanidade pode nos levar a mudar nossa maneira de ver o mundo; paramos de distinguir entre religiosos e leigos, enfermeiros e doentes, homens e mulheres, jovens e idosos, casados e solteiros, brancos e negros, homossexuais e heterossexuais. Não precisamos fazer comparações ou julgar as outras pessoas: "Não sou como ele, ela ou eles; sou melhor ou diferente deles"; no fundo, somos todos iguais porque pertencemos à huma-

---

4. Thomas Merton, diário, 19 de março de 1958; publicado em *A Search for Solitude:* Pursuing the Monk's True Life. [s.l.]: [s.e.], 1996.
5. MERTON, T. Conjectures of a Guilty Bystander. Nova York: Doubleday, 1966, apud NOUWEN, H. "Compassion: Solidarity, Consolation and Comfort". *America*, mar./1976, p. 199 [Compaixão: solidariedade, consolação e conforto].

nidade. À luz do amor incondicional divino e do nosso, notamos que nosso coração se expande e que não há limites. Na comunidade do coração ninguém fica excluído. Pertencemos à mesma família espiritual e "nada do que é humano me é estranho"[6].

A intimidade espiritual com o Corpo de Cristo

O cristianismo tem uma doutrina maravilhosa, um credo antigo na Encarnação. O Evangelho de João conta que: "No princípio era o Verbo, e o Verbo estava com Deus, e o Verbo era Deus" (Jo 1,1). E São Paulo disse: "Porque nele habita corporalmente toda a plenitude da divindade; e estais perfeitos nele, que é a cabeça de todo o principado e potestade" (Cl 2,9-10). Deus, o eterno, fez-se carne em Jesus, filho de Maria, e seu Espírito está em nós na forma do Corpo de Cristo. O mistério da Encarnação nos revela que o corpo humano e a intimidade espiritual comunitária com o Corpo de Cristo são habitados por Deus em toda a sua plenitude (Cl 1,19).

A verdadeira vida espiritual é uma vida corporificada. A encarnação não significou que Cristo se apegou à sua divindade, mas que se esvaziou para se tornar humano (Fl 2,7). No momento em que Deus se tornou humano, a vida espiritual passou a estar dentro de nós. É por isso que São Paulo diz: "...não sabeis que o vosso corpo é o templo do

---

6. Nouwen usou muitas vezes esta frase do dramaturgo e poeta romano Terêncio (Publio Terêncio Afro; Cartago, ca. 185 a.C.- ca. 159 a.C.).

Espírito Santo, que habita em vós, proveniente de Deus, e que não sois de vós mesmos? Porque fostes comprados por bom preço; glorificai, pois, a Deus no vosso corpo, e no vosso espírito, os quais pertencem a Deus" (1Cor 6,19-20).

Quando nos conscientizamos de que nosso corpo é templo do Espírito Santo formamos uma comunidade e experimentamos novas dimensões de intimidade física e espiritual. Deus está no meio de nós, agora e para todo o sempre. O Corpo de Cristo é nossa verdadeira morada. Antes mesmo de nascermos, já fomos vistos, conhecidos, amados e abraçados com segurança pelas mãos dele. Ele estabeleceu uma conexão entre nós antes de nos encontrarmos. Antes de dizermos "eu preciso de você, eu amo você, me abrace, me toque, me ame", havia uma voz que dizia: "Meu querido filho/filha, eu lhe abençoo". Antes de aprendermos a amar uns aos outros, amávamos nosso Criador. O Senhor disse: "Porventura pode uma mulher esquecer-se tanto de seu filho que cria que não se compadeça dele, do filho do seu ventre? Mas ainda que esta se esquecesse dele, contudo eu não me esquecerei de ti; eis que nas palmas das minhas mãos eu te gravei; os teus muros [quer dizer, seu corpo] estão continuamente diante de mim" (Is 49,15-16).

Da realidade que pertencemos uns aos outros eternamente descobrimos a comunidade. Por causa da intimidade original, podemos expressar nosso amor e afeição. Devido à compaixão divina, oferecemos e recebemos amor. Ansiamos de corpo e alma por aquele lugar primordial e abençoado onde nos sentíamos juntos, seguros e completos.

A encarnação humana não é um desafio terreno ao nosso corpo e alma. Confesso que nunca me senti completamente confortável em meu corpo e é difícil falar sobre isso. Como cristão e celibatário, algumas vezes fiquei ressentido quando encontrava pessoas que não tinham as mesmas convicções ou valores. Sei que preciso me sentir confortável em meu próprio corpo para entender e celebrar que outras pessoas assim se sintam nos delas. Creio que afirmar que o corpo é belo e benfazejo, tanto o meu como o de outros, é uma atividade espiritual. Para entrar na intimidade de Deus, preciso entrar na intimidade de meu próprio corpo, o qual é habitado prazerosamente por Ele.

Sou chamado por minha comunidade a me tornar livre para amar e aceitar aquelas pessoas que têm opiniões diferentes de como viver espiritualmente e com fé. Ao invés de culpá-las, julgá-las e compará-las, escolho aceitá-las, afirmá-las e celebrá-las. Ao invés de evitar essas pessoas, aprendo a estar com elas de maneira pessoal, compassiva e criativa. Se sou centrado de espírito e confortável com meu próprio corpo, não julgarei tanto.

Para abraçar esta visão universal e inclusiva de comunidade, precisamos cessar de julgar os motivos e escolhas dos outros. "Não julgueis, para que não sejais julgados" (Mt 7,1). Um dos primeiros Padres do Deserto, Abba João, disse a seus monges: "Por que não jogam o fardo pesado de lado e pegam o leve?" Os monges ficaram confusos e perguntaram: "O que quer dizer com fardo pesado e leve?" Abba João respondeu: "O fardo pesado é julgar aos outros, o fardo leve é aceitar o julgamento das outras pessoas"[7]. Então, por que não deixar isso para trás? Ser julgado pelos outros é um fardo mais leve, mas por que nos preocuparmos com isso? Muitas vezes me pergunto: Como seriam as coisas se não julgasse mais as pessoas? Ou se não me preocupasse com o que os outros dizem? Penso que levaria uma vida tão sossegada!

A enorme variedade de experiências e expressões humanas torna difícil não julgarmos os outros; então, precisamos de muita fé para chegarmos a ser pessoas que não são assim. A superação da necessidade de nos comparar aos outros e aceitarmos o que realmente somos pode nos fazer sentir completos e isso é uma das maiores alegrias e sentimento de liberdade que podemos experimentar na vida.

Quem é bem-vindo à comunidade?

Para mim, a missa é a maneira mais tangível de se celebrar o amor divino presente no Corpo de Cristo. Quando Jesus disse a seus discípulos "este é o meu corpo, que é dado por vós", estava falando literalmente sobre sua morte física e de nossa espiritualidade corporificada[8]. Em nossa carne

---

7. Cf. MERTON, T. *The Wisdom of the Desert*: Sayings from the Desert Fathers of the Fourth Century. Boston: Shambhala, 2004, p. 71.
8. Nouwen faz alusão a 1Cor 11,23 [N.T.].

e sangue, em nosso corpo, descobrimos que o Cristo vivo *está verdadeiramente* no meio de nós; "provemos e vejamos [juntos] que o Senhor é bom"[9]. Experimentamos o mistério espiritual da Encanação quando comemos o pão e bebemos o vinho. Somos renovados por este simples ato, pelo comer e beber, e pelo se alegrar; nosso ser se expande e energiza com uma nova vitalidade espiritual. A substância de nosso ser é *transformada* (hesito em dizer *transubstanciada* porque pode não ser entendida corretamente) quando participamos do mistério eucarístico[10]. Assim sendo, quando comemos e bebemos juntos na comunidade do amor nos transformamos no Corpo de Cristo.

A missa se tornou para muitos um momento de dolorosa exclusão, um ritual vazio, mera superstição. Entretanto, é nossa maior dádiva espiritual e o momento concreto da oração e da cura. Se há algo que gostaria de conhecer melhor, experimentar mais profundamente, celebrar de maneira mais autêntica e com mais pessoas é o mistério da presença do Verbo e da Dádiva no meio de nós. Jesus

---

9. Nouwen faz alusão ao Sl 34,8 [N.T.].

10. O mistério descrito por Nouwen aqui é a doutrina da transubstanciação da Igreja Católica Romana e o ensinamento sobre a *theosis* da Igreja Ortodoxa Oriental. Estes conceitos se referem à verdade mística de que, quando o Espírito Divino habita o corpo humano, o divino se torna humano e o humano divino. No contexto teológico isso quer dizer que Deus encarnou em Jesus que foi o primeiro de seus muitos filhos e filhas. Assim sendo, a humanidade se deifica através deste processo de formação espiritual. Para aprofundamento deste tópico, cf. CHRISTENSEN, M.J. & WITTUNG, J. (orgs.). *Partakers of the Divine Nature*: Deification in the Christian Traditions. Grand Rapids: Baker Academic, 2008.

não disse "belisquem e beberiquem o pão e o vinho", mas: "Na verdade, na verdade vos digo que, se não comerdes a Carne do Filho do Homem, e não beberdes seu Sangue, não tereis vida em vós mesmos. Quem come a minha Carne e bebe o meu Sangue tem a vida eterna, e eu o ressuscitarei no último dia. Porque minha Carne verdadeiramente é comida, e meu Sangue verdadeiramente é bebido. Quem come a minha Carne e bebe o meu Sangue permanece em mim e eu nele. Assim como o Pai, que vive, me enviou, e eu vivo pelo Pai, assim, quem de mim se alimenta também viverá por mim" (Jo 6,53-57).

Conclusão: expandindo a comunidade

Quando reconhecemos a presença de Deus em nosso coração, também nos conscientizamos de que está presente no coração dos outros. No mesmo lugar onde descubro a presença divina em mim, também descubro meus irmãos e irmãs. Quando aprendo a escutar a voz que me chama de "querido", também aprendo que ela não exclui ninguém. Quando só conseguimos ver escuridão dentro de nós, vemos isso nos outros também; mas quando conseguimos ver a luz divina em nós, passamos a vê-la nas outras pessoas. Como o salmista declarou: "Na tua luz veremos a luz" (Sl 36,9).

Assim como a disciplina de orar a sós, a verdadeira comunidade necessita fundamentalmente do coração. A experiência de comunidade só pode ser realmente vivida se vem da nossa comunhão com Deus. Na comunidade de fé ninguém fica excluído, nem mesmo aqueles que julgamos não pertencer a ela. Ir de noções puramente cristãs de comunidade para outra mais universal e inclusiva baseada na humanidade é difícil e requer uma fé madura e confiante. O Deus de todas as nações não é só nosso; Ele habita em nosso ser e em todas as outras pessoas. Ter intimidade com Ele e ser solidário com os outros são aspectos da presença divina em nós que nunca podem ser separados, são unidos fisicamente em nosso corpo e realizados dentro do contexto da comunidade; no Corpo de Cristo celebrado pela Eucaristia. Assim sendo, a comunidade pode ser expandida por nós.

APROFUNDAMENTO: EXERCÍCIOS PARA A
FORMAÇÃO ESPIRITUAL

Reflexão
A formação espiritual não é um exercício de devoção pessoal, mas de espiritualidade em comunidade. Temos nossas próprias experiências de formação espiritual, mas juntos somos o povo de Deus. Entrar em *comunhão* com Ele, estabelecer uma *comunidade* e seguir o *ministério* com os outros pode ser visualizado como partes de um círculo. Medite por um momento na seguinte metáfora da roda da carruagem; em *Here and Now* (Aqui e agora) Nouwen diz:

> Sempre fui fascinado por rodas de carruagem, por seus largos anéis exteriores, seus fortes raios de madeira, seus grandes eixos. Quando passo minha mão ao redor de seu

anel exterior, toco um aro após o outro, mas quando agarro seu eixo, toco todos ao mesmo tempo[11].

Desenhe um círculo que represente sua comunidade de fé e coloque sua família, amigos, colegas e outros relacionamentos significativos dentro e fora dele. Reflita sobre quem está dentro e fora dele.

Reze para aqueles que estão dentro e para aqueles que estão fora.

O que precisamos para expandir o círculo?

Visio divina: a cruz e o círculo

Consegue visualizar a cruz de Jesus Cristo dentro do círculo do amor divino?[12] É-nos dito que a cruz de Cristo tinha duas vigas do mesmo tamanho; assim podemos desenhá-la dentro de um círculo[13]. A viga horizontal aponta o povo judeu à direita e os gentios à esquerda; a vertical aponta para Deus acima e a terra abaixo. Este é o mistério

---

11. Esta é uma passagem do artigo "Our Story, Our Wisdom". PERELLI, R. & GALLAGHER, T.L. (orgs.). *HIV/Aids*: The Second Decade. National Catholic Aids Network, 1995, p. 23. Este artigo é uma transcrição do discurso que Nouwen deu na conferência do National Catholic Aids Network, na Loyola University, Chicago, em julho de 1995.

12. G. Kittel e G. Friedrich ((orgs.). *Theological Dictionary of the New Testament*. [s.l.]: Eerdmans, 1964-1974, 10 volumes) dão três possibilidades para a forma da cruz (*staurus*) de Cristo: "O *staurus* é um instrumento de tortura para crimes graves... e pode ter três formas: uma estaca vertical e pontuda... ou na forma de um T... ou na forma de um X com vigas do mesmo tamanho" (7: 572). As igrejas grega, bizantina e céltica antigas tinham uma preferência particular pela de vigas do mesmo tamanho dentro de um círculo.

13. *Here and Now*: Living in the Spirit. [s.l.]: Crossroads, 1995, p. 23.

e a promessa da cruz: com o cruzamento das vigas no topo da montanha, Jesus junta todos os pontos divergentes no grande círculo do amor divino.

Com o passar do tempo, os cristãos alongaram a viga vertical e uma outra pequena também foi adicionada. Precisamos retornar à cruz em forma de X para que possamos ser uma verdadeira comunidade de fé e ninguém seja excluído. Jesus quebrou as barreiras de tempo e espaço, de raça e cultura que dividem a humanidade. Ele se tornou para todas as pessoas aquele que redime aquilo que não está correto, reconcilia aquilo que foi dividido. As escrituras dizem: "Porque foi do agrado do Pai que toda a plenitude nele habitasse; e que, havendo por Ele feito a paz pelo sangue da sua cruz, por meio dele reconciliaste consigo mesmo todas as coisas, tanto as que estão na terra como as que estão nos céus" (Cl 1,19-20). E é por isso que Jesus diz: "E eu, quando for levantado da terra, todos atrairei a mim" (Jo 12,32).

Visio divina: girando a roda

Gosto de visualizar a espiritualidade como uma grande roda de carruagem com um eixo, um anel exterior e muitos aros[14]. No centro temos o eixo, o coração de Deus e a morada da oração. Rezar significa ir à fonte de toda vida e amor. O eixo me lembra de como é importante viver

---

[14]. Esta seção é uma compilação de *Aging*: The Fullfilment of Life. Nova York: Doubleday, 1974 (Envelhecendo) e *Here and Now* (Aqui e agora).

no centro da vida. Muitas vezes, quando trabalhamos no ministério parece que enveredamos pelo anel exterior tentando estabelecer contato com todas as pessoas. Mas Deus nos diz: "Comece pelo eixo; viva no eixo. Assim estará conectado com todos os aros e não terá que correr tanto". É no eixo, na comunhão com Ele que descobrimos o chamado da comunidade. Quando rezamos sozinhos, entramos em nosso coração, descobrimos o coração de Deus que nos chama e ama. Quanto mais perto estamos dele, mais perto ficamos de nossos irmãos e irmãs, da humanidade. É no coração que reconheço que todas as pessoas estão em comunhão entre si e com Deus. A solidão nos leva para a comunidade; a comunidade é onde minha solidão toca a solidão dos outros, onde "solidões se cumprimentam", como diz Rilke[15]. Quando rezamos a sós, conscientizamo-nos de que somos parte da humanidade e de que queremos estar juntos e ministrar para esta família. O movimento da roda nos leva da comunhão para a comunidade e finalmente ao ministério.

---

15. RILKE, R.M. Letters to a Young Poet. [s.l.]: Norton, 1963, apud "Spirituality and the Family". *Weavings*, vol. 3, n. 1, jan.-fev./1988, p. 9.

7

Da negação para a aceitação da morte

Gêmeos no útero

Os gêmeos estavam conversando no útero de sua mãe. A irmã disse para seu irmão: "Acredito que haja vida depois do nascimento". E seu irmão protestou veementemente: "Não, é só isto que existe; este lugar escuro e aconchegante. A única coisa que temos para fazer é nos agarramos a este cordão que nos alimenta". A menina insistiu: "Não pode ser só isto. Deve haver outro lugar; um lugar iluminado onde possamos nos mover com liberdade". Mas não conseguiu convencer seu irmão.

Depois de algum tempo em silêncio, acrescentou com hesitação: "Tenho mais uma coisa para dizer e acho que não vai acreditar em mim; acho que temos uma mãe". O menino ficou furioso e gritou: "Uma mãe! O que está dizendo? Nunca vi nenhuma mãe e tenho certeza de que você também nunca viu. Quem pôs esta ideia na sua cabeça? Como disse, este lugar é a única coisa que existe. Por que quer acreditar em algo mais? Este lugar não é assim tão mal; temos tudo de que precisamos e devemos ficar contentes com isso".

A irmã ficou tão impressionada com a reação de seu irmão que não ousou dizer mais nada. Entretanto, não conseguia parar de pensar nisso, e, como só tinha seu irmão para conversar, disse: "Não sente

estes apertões de vez em quando? Não são muito agradáveis e às vezes são até dolorosos". O menino respondeu: "Sim, e daí?" A irmã reagiu: "Bem, acho que estes apertões acontecem para preparar nossa ida para um outro lugar, mais bonito que este, onde veremos nossa mãe face a face. Não acha isso maravilhoso?"
O irmão não respondeu porque estava cansado desta conversa sem nexo. Achou melhor ignorar sua irmã e esperar que ela lhe deixasse em paz (NOUWEN, H. *Our Greatest Gift*)[16].

Muitas vezes a morte acontece de maneira repentina – um acidente de carro ou de avião, uma briga fatal, guerra, inundação, e assim por diante. Quando nos sentimos saudáveis e cheios de energia não pensamos na morte. Mas ela pode vir a qualquer momento. Se tivermos a oportunidade, o tempo e a consciência de nos prepararmos para ela, precisamos enfrentar muitas perguntas: De que maneira nego que sou mortal? Por que tenho medo? Tenho algo para fazer? Perdoei aqueles que me machucaram e pedi perdão àqueles que machuquei? Quando estamos bem com todas as pessoas da nossa vida, nossa morte causará tristeza, mas não será uma fonte de culpa ou raiva.

Estas questões se tornaram mais importantes para mim quando minha mãe morreu. Seis meses depois dela ter morrido, enquanto ainda lidava com meu pesar, escrevi uma carta de consolação para meu pai sugerindo que seria bom

---

16. *Our Greatest Gift*: A Meditation on Dying and Caring. Pensilvânia: HarperCollins, 1994, p. 19 [Nossa maior dádiva].

se confrontássemos nossa própria morte. Lembro-me que escrevi: "Desde aquele momento, quando vi sua face inerte no hospital, perguntei-me o significado da morte. Ela nos deixou esta questão; temos que enfrentá-la, explorá-la e nos familiarizarmos com ela. Assim, poderemos nos consolar e apoiar"[17]. Aprendi lamentando a morte de minha mãe e de outras pessoas que é importante pensarmos na morte antes de estarmos prestes a morrer e nos conscientizarmos de nossa mortalidade antes de direcionarmos nossas energias para a sobrevivência. Se pensarmos na morte apenas quando somos doentes terminais, nossas reflexões não irão nos ajudar em nossa jornada. Como o místico alemão Jacob Boehme disse: "Aquele que não morre antes de morrer está perdido quando morre"[18].

A estória sobre os gêmeos no útero nos ajuda a pensar sobre a morte de uma maneira diferente. Vivemos como se esta vida fosse tudo que temos, como se a morte fosse algo absurdo e que não devemos falar dela? Ou reconhecemos que somos filhos de Deus e a morte é uma passagem dolorosa, mas benfazeja, que nos leva a estar face a face com Ele? Quando estamos prontos para morrer, também estamos prontos para viver. Para mim, a preparação para minha própria morte consiste em me tornar amigo

---

17. *A Letter of Consolation*. [s.l.]: Harper & Row, 1982, p. 19 [Uma carta de consolação].

18. Esta frase é normalmente atribuída ao místico alemão Jacob Boehme (1575-1624) e foi citada por Nouwen em *A Time to Mourn, A Time to Dance* [s.l.]: [s.e.], 1977, p. 29 [Tempo de chorar, tempo de dançar].

dela, em me sentir amado, tornar-me criança novamente e confiar na comunhão dos santos. Eu lhe convido a fazer o mesmo.

Torne-se amigo da morte

Gosto da expressão "tornar-se amigo da morte". Eu a ouvi pela primeira vez quando foi usada pelo analista junguiano James Hillman para enfatizar que é importante "nos tornarmos amigos" de nossos sonhos, nossa sombra e nosso inconsciente. Hillman argumentou muito convincentemente que, para nos tornarmos completos, precisamos reconhecer a totalidade de nossas experiências; tornamo-nos plenos quando integramos as realidades de luz e escuridão em nós[19]. Isso fez muito sentido para mim porque conheço muito bem minha tendência e a de outros de evitar, negar ou suprimir o lado doloroso da vida, o que pode nos levar a problemas físicos, mentais e espirituais muito desastrosos. Acredito que "conhecer bem a morte" é fundamental para todas as outras formas de "aceitação". Se pudermos ir da negação para a aceitação da morte antes de morrermos, se pudermos ver a morte como amiga ao invés de inimiga, não sentiremos tanto medo, culpa e mágoa.

---

19. James Hillman atendeu um seminário sobre a espiritualidade cristã que Nouwen organizou na Yale Divinity School em 1980. Ele contribuiu com uma discussão sobre a ideia de "tornar-se amigo" daquelas realidades em nós mesmos e no mundo que normalmente tememos. Cf. *A Letter of Consolation*. Op. cit., p. 29-30.

Como nos tornamos amigos da morte?

Lembro-me de que visitei um jovem rapaz chamado Peter num hospital de Toronto, o qual tinha Aids e estava para morrer. A doença progredia rapidamente e estava perdendo suas esperanças de vida. Era uma pessoa boa, um professor que ensinou e escreveu sobre a espiritualidade, muito amado por seus estudantes. Acreditava muito em Deus e tinha dedicado sua vida a Ele. Estava muito magro e careca por causa da quimioterapia, e paralítico porque tinha câncer na espinha. O Irmão Jan Laak e eu estávamos lá com ele, há pouco tempo, quando algo surpreendente aconteceu e fez com que visse a vida e a morte de maneira diferente. O cônjuge de Peter, um rapaz bonito, disse: "Vamos sair dessa! Não vai morrer. Vamos ganhar essa batalha e a morte não levará a melhor". Eu o admirei muito porque falou como um guerreiro que enfrentava a morte. Lembrou-me muito de Paul Monette, autor de *Borrowed Time* (Tempo emprestado), um livro sobre seu marido Roger Horwitz, que disse: "Vou lutar e vencer. Não vou morrer"[20].

Aí conversei com Peter e a atitude dele era diferente. Disse: "Por que isto está acontecendo comigo, Henri? Estou tão bravo com Deus. Dediquei minha vida a Ele, dividi seu amor com centenas de pessoas e agora morro assim tão jovem. Não

---

[20]. Paul Monette escreveu *Borrowed Time*: An Aids Memoir (São Diego: Harcourt Brace, 1988) após a morte de seu marido em 1986. Os dois são muito lembrados por terem lutado contra a homofobia e o estigma da Aids.

posso aceitar isso; não quero morrer. Não sei como consegui chegar até aqui; estou confuso, irado e frustrado. Sinto-me completamente abandonado". Havia uma resistência, um protesto em sua voz. Dizia não a todo aquele sofrimento: "Não posso aceitar isso e estou com muita raiva de Deus. Eu protesto!" Peter estava com muita dor, fraco e ansioso para poder lutar. Mas na verdade estava nos dizendo: "Deixe este cálice passar por mim. Não o quero. É algo terrível".

Quando retornava a casa em companhia de Jan, lhe perguntei: "*O que* pode ser feito? Há alguma maneira do meu amigo e seu marido aceitarem o que está acontecendo? Será que Peter pode "se tornar amigo" da irmã perversa, da morte, que está com ele? Será que poderá dizer a ela: "Você é minha inimiga, mas sou chamado a amar meus inimigos; quero lhe amar, abraçar e estar confortável com você"? Pensei: Por que é assim tão difícil para Peter e seu marido aceitarem a morte? Enquanto refletia sobre isso me conscientizei que estavam dizendo que se aceitarmos a morte, ela virá mais rápido; se pensarmos na morte, desistimos da luta; se deixarmos a morte se aproximar de nós e nos abraçar, cessamos de existir.

Não concordo com isso. Acredito firmemente que, quando amamos a vida e a morte, quando abraçamos nosso inimigo e aceitamos que somos mortais, lutamos melhor e temos mais forças para resistir porque temos acesso ao poder do amor. Digo isso por experiência própria.

Alguns anos atrás fui atropelado e acabei sendo hospitalizado. Senti-me muito desconfortável na maca, mas não tinha sofrido nenhuma lesão externa; assim, achei que logo iria ser mandado para casa. Quando um médico veio finalmente me examinar, foi gentil e bem claro quando disse: "O senhor pode não ter muito tempo de vida; há um sangramento interno bem grave. Vamos tentar operar, mas não posso dar certeza de que a operação será um sucesso". De repente, meu mundo caiu. A morte estava ao meu lado. Fiquei chocado e com medo. Muitos pensamentos vieram à minha cabeça porque me dei conta de que poderia morrer.

Não me senti pronto para abrir mão da vida e enfrentar a morte. Tinha coisas para resolver bem como raivas, mágoas e conflitos com pessoas que conhecia ou tinha conhecido. Sentia que não tinha perdoado nem sido perdoado e por isso me agarrava à vida. Na minha cabeça, vi pessoas que me causavam raiva e ciúme. Porque não lhes perdoava com o coração, dava-lhes poder sobre mim; mantinha-me amarrado a uma existência lesada. Quando enfrentei a morte, senti um grande desejo de perdoar e ser perdoado, de me desapegar de todas as minhas opiniões e não julgar os outros. Senti uma grande vontade de ter à minha volta todas aquelas pessoas que estavam com raiva de mim, bem como aquelas que odiava; queria abraçá-las, pedir-lhes perdão e perdoá-las.

Naquele momento experimentei algo muito profundo e que nunca havia vivenciado antes: um amor puro e incondicional. Em meio a toda essa confusão, choque e culpa, fiquei calmo, descansado e fui abraçado por Deus, que me assegurou e disse gentilmente: "Não tenha medo. Você está a salvo. Vou trazê-lo para casa. Você me pertence e eu lhe pertenço". Hesitei em chamar essa voz de Jesus porque pensei que não pudesse evocar completamente a presença divina que senti, que me convidava para chegar mais perto e não ter medo. Entretanto, quando enveredei pelo caminho da morte, todas as minhas dúvidas desapareceram. Jesus, o Senhor da minha vida, estava ao meu lado e dizia: "Venha a mim".

Senti tanta paz que, quando acordei da cirurgia na UTI do hospital, fiquei desapontado e me perguntei: "O que estou fazendo aqui e por que ainda estou vivo?" Fiquei pensando no que havia acontecido comigo e me conscientizei de que tinha pela primeira vez em minha vida contemplado a morte com amor e sem medo. Quando aceitei a morte não tive mais medo. De certo modo e por apenas um momento, conheci Deus. Pude estar no mundo de uma maneira diferente, ainda lutava e resistia, mas era motivado pelo amor e não pelo medo. Passei a amar a vida e a morte[21].

Sentir-se amado

Quando nos relacionamos com a morte como se fosse uma amiga ao invés de inimiga, libertamo-nos de dúvi-

---

21. Para uma reflexão mais detalhada desta "experiência de estar perto da morte", cf. *Finding My Way Home*: Pathways to Life and the Spirit ([s.l.]: Crossroads, 2001 [Achando o caminho de casa: movimentos de vida e espírito]) e *Beyond the Mirror:* Reflections on Death and Life ([s.l.]: Crossroads, 1990 [Além do espelho: reflexões sobre a vida e a morte]).

das e medos, reconhecemos nossa mortalidade e vivemos livremente e com o conhecimento de que Deus nos ama como a um filho. Apesar de já saber disso há muitos anos, de vez em quando tenho que recuperar este sentimento de me sentir amado.

Nosso medo de doenças, morte e futuro nos aprisiona e permite à sociedade nos manipular através de ameaças e promessas. Quando superamos nossos medos e tocamos aquele que nos ama eternamente, a opressão, a perseguição e mesmo a morte cessam de ter poder sobre nós. Assim, sabemos de coração, e não apenas de cabeça, que nascemos do amor e morreremos no amor, que todo o nosso ser está arraigado e nada pode nos separar do amor divino. São Paulo se referiu a isso de maneira muito bonita quando comentou:

> Porque estou certo de que nem a morte, nem a vida, nem os anjos, nem os principados, nem as potestades, nem o presente, nem o porvir; nem a altura, nem a profundidade, nem alguma outra criatura nos poderá separar do amor de Deus, que está em Cristo Jesus nosso Senhor (Rm 8,38-39).

Podemos ter certeza disso a qualquer momento que escolhermos, mesmo quando tudo ao nosso redor nos diz o contrário.

Quando a vida ou outras pessoas desafiam nosso senso de "eu", podemos enfatizar nossa verdade, caminho e família, dizendo: "Sou filho de Deus!" Isso tem que vir da profundeza do nosso ser, do nosso coração. Escute a maravilhosa voz amorosa que diz: "Você é meu amado Filho e lhe darei todas as minhas graças".

Foi esta afirmação que Jesus ouviu no Rio Jordão. Viveu sua vida como o amado Filho mesmo quando o demônio lhe disse: "Prove! Prove que é Ele; faça algo extraordinário, transforme estas pedras em pão. Prove que é o amado Filho; vá ao templo e mostre como é maravilhoso. Prove isso por meio do poder e da influência para que todos recebam essa boa notícia". Jesus lhe censurou, dizendo: "Não preciso provar nada. Eu *sou* o amado Filho porque foi isso que escutei no Rio Jordão".

Esta mesma voz foi ouvida por Pedro, Tiago e João no Monte Tabor na Galileia quando a nuvem luminosa disse: "Este é o meu amado Filho, em quem me comprazo; escutai-o" (Mt 17,5). Estou convencido de que a voz do céu não estava falando apenas para, ou sobre, Jesus. Ela também falava conosco e sobre nós. Fomos ungidos e somos amados filhos e filhas de Deus. Jesus veio para dividir sua natureza e identidade divina conosco e nos comunicar seu messianismo. O Espírito de Jesus nos ajuda a reconhecer esta verdade[22].

Quando estiver rezando ou meditando tente entrar momentaneamente neste enorme mistério: você, assim como o Cristo, é um amado Filho de Deus. Ele se rejubila com você e seu amor é eterno; o seguirá por toda a vida e após a morte. Foi amado por Ele mesmo antes de seu

---

[22]. A antiga crença cristã sobre comunicação da qualidade messiânica e divindade é geralmente chamada de *theosis* ou deificação na tradição ortodoxa oriental. Para um aprofundamento desta questão, cf. CHRISTENSEN, M.J. & WITTUNG, J. (orgs.). *Partakers of the Divine Nature* (Participantes da natureza divina). Op. cit.

pai, mãe, irmão, irmã, família e igreja lhe amar ou não, lhe machucar ou lhe ajudar. É amado plenamente porque pertence a Ele para todo o sempre. Esta é sua verdade e o que define sua identidade. Você pode reafirmar isso a qualquer momento que desejar.

Se acreditar que foi sempre amado, antes de nascer e após a morte, ficará mais fácil realizar sua missão de vida. Foi enviado para cá por certo tempo – vinte, trinta, quarenta, cinquenta, sessenta anos –, não importa quanto. Foi mandado a este mundo para ajudar seus irmãos e irmãs a se conscientizarem de que são amados como você mesmo e que todos pertencemos à família de Deus.

Fomos enviados a este mundo para sermos pessoas que trazem a reconciliação, para ensinar e curar, demolir os muros que dividem as pessoas e as caracterizam como tendo valores diferentes. Seja lá qual for a divisão que conceber: jovem, velho, preto, branco, homossexual ou heterossexual; sérvio, croata, muçulmano, judeu, católico, protestante, hindu, budista; além destas divisões que nos separam há uma unidade maior. Nela vivemos e proclamamos o fato de que somos amados por Deus para todo o sempre. O mistério do amor divino é este: quando sabemos em nosso coração que fomos escolhidos e abençoados, reconhecemos que as outras pessoas também o foram e as abraçamos como filhos e filhas de Deus. Assim, confrontamos a vida e a morte em suas facetas e podemos dizer para Ele: "Eu também amo você".

Tornar-se criança novamente

Quando fiz sessenta anos a Comunidade Daybrake deu uma grande festa para mais de cem convidados. John Bloss compareceu, estava muito entusiasmado e como sempre cheio de ideias; mas apesar de adorar falar em público, sua deficiência tornava difícil para ele expressar seus pensamentos em palavras. Estávamos todos sentados em círculo quando Joe, nosso anfitrião, disse: "Bem, John, o que quer dizer para Henri hoje?" John, sempre muito expressivo, levantou-se, ficou no meio de todos nós e apontou o dedo para mim, dizendo: "Você... você... é" Disse isso muito sorridente e contínuo: "Você... você..." Todo mundo lhe olhava com muita expectativa enquanto tentava terminar a sentença e apontava o dedo para mim: "Você... você... é". De repente, como do nada, disse: "um velho!" Rimos muito e John ficou orgulhoso com isso. Mas era verdade, tornei-me "um velho".

De uma forma geral, consideramos as pessoas que têm entre um e trinta anos jovens, aquelas entre trinta e sessenta estão na meia-idade, e aqueles com mais de sessenta são idosos. Mas quando acabamos de fazer sessenta, não nos sentimos velhos. Eu pelo menos não me senti. Esquecia-me que tinha envelhecido e que os mais jovens me consideravam um idoso. Precisava me olhar no espelho de vez em quando, lembrar-me de meus pais e como os achava velhos.

Quando envelhecemos estamos mais próximos da morte. No passado, tentava calcular se ainda podia viver o dobro de anos que já havia vivido. Quando tinha vinte, estava certo que viveria outros vinte. Quando fiz trinta, considerei muito provável que viveria até os sessenta. Quando completei meus quarenta anos, fiquei pensando se chegaria aos oitenta. Finalmente, quando fiz cinquenta, dei-me conta de que poucos chegam aos cem. Mas agora aos sessenta, tenho certeza que já vivi mais da metade de meus anos e que estou mais perto da morte do que de meu nascimento.

Os idosos precisam se preparar para a morte. Mas como podemos nos preparar bem para isso? Para mim, isso requer que nos tornemos crianças novamente, apesar de parecer ir contra nosso desejo natural por independência. Acredito que ter uma segunda infância é algo essencial para uma boa morte. Jesus nos falou sobre isso quando disse: "Se não vos converterdes e não vos fizerdes como meninos, de modo algum entrareis no Reino dos Céus" (Mt 18,3).

O que caracteriza esta segunda infância? É caracterizada por uma nova dependência de Deus e dos outros. Nos primeiros vinte anos de nossa vida fomos dependentes de nossos pais, professores e amigos. Passados quarenta anos, tornamo-nos novamente cada vez mais dependentes das outras pessoas. Quanto mais novos somos, mais pessoas precisamos para assegurarmos nossa sobrevivência; quanto mais velhos nos tornamos, mais precisamos das outras pessoas para continuar a viver. Na vida vamos depender de uma pessoa para outra.

Este é o mistério que Deus nos revelou através de Jesus e sua vida da manjedoura à cruz. Nasceu completamente dependente daqueles a seu redor e morreu como uma vítima passiva das ações e decisões de outros. Sua jornada foi de uma infância à outra; veio ao mundo como criança e morreu como tal. Sua vida nos permite afirmar e reivindicar nossa infância e transformar nossa morte, assim como fez com a sua, num novo nascimento. Disse: "Se não vos converterdes e não vos fizerdes como meninos, de modo algum entrareis no Reino dos Céus" (Mt 18,3); assim sendo, no processo de aceitarmos a morte e reafirmarmos que somos amados filhos de Deus, libertamo-nos e sentimo-nos novamente como crianças.

Como já mencionei, fui abençoado com uma experiência que tornou claro que podemos abraçar a morte como se fôssemos uma inocente criança. A perspectiva da morte após meu atropelamento e o tempo no hospital fez com que me relembrasse de minha infância como nunca tinha acontecido antes. Quando estava atado a uma mesa de cirurgia em formato de cruz e rodeado por figuras mascaradas, dei-me conta de como dependia delas. Não apenas dependia das habilidades de uma equipe cirúrgica que nunca tinha visto antes, como dependia também de Deus para continuar a viver. Sabia no fundo do meu ser que Ele me abraçava como um filho, não importando se sobrevivesse à operação ou não. Naquele momento me conscientizei de que todas as nossas necessidades estão conectadas à nossa dependência de Deus; assim, o morrer faz parte de uma jornada de vida maior.

Esta experiência foi tão real, fundamental e completa que transformou meu senso de "eu" e afetou profundamente minha consciência. Quando enfrentei a morte senti apenas uma coisa: não queria estar sozinho. Queria estar com alguém que me ajudasse a morrer. Assim como não nasci sozinho, não queria morrer só. Mas quando sabemos que somos filhos de Deus, temos um grande senso de segurança e liberdade que nos ajuda nisso.

Temos bons e maus pensamentos sobre quando e como vamos morrer. Será bom se tivermos nosso marido, esposa ou cônjuge, mãe ou pai, amigos e familiares, terapeuta, padre ou pastor presentes conosco. É bom não estarmos sozinhos. Mas nenhuma destas pessoas pode nos dar o poder espiritual para morrer sem medo. Apenas nossa confiança em Deus e em nossa participação na comunhão dos santos pode nos ajudar a fazer a transição para o outro lado.

Confie em Deus e na comunhão dos santos

No movimento da negação para a aceitação da morte, acredito plenamente que nossa confiança em Deus e na comunhão dos santos nos ajuda a fazer a transição com fé e coragem. No credo proclamamos: "Eu acredito no Espírito Santo, na Santa Igreja, na comunhão dos santos, na ressurreição e na vida eterna". Quando enfrentamos a morte, é importante resgatar a doutrina histórica e espiritual da comunhão dos santos.

A Reforma Protestante associou a doutrina católica romana da comunhão dos santos com a venda de "indulgências", com a prática de rezar para os mortos e comprar a saída do purgatório[23]. Como resultado disso, os protestantes entendem que os verdadeiros cristãos não rezam para os santos e nem pelos mortos. Os mortos são julgados apenas por Deus, o destino deles é selado e ninguém pode comprar a saída do purgatório ou rezar para que isso aconteça. Assim, muitas pessoas pararam de rezar para os mortos e acreditar em santos, já que não têm relevância para a prática da religião na terra. Converso com muitas pessoas que gostariam de rezar para os mortos e crer na comunhão dos santos, mas que não sabem no que acreditar. Por causa das controvérsias da Reforma e da Con-

---

23. A oração para os mortos e a compra da saída do purgatório geraram grandes problemas entre católicos e protestantes no século XVI. O Concílio de Trento (1563) reafirmou a existência do purgatório e a utilidade da prece para os mortos; entretanto, também disse que é preciso cautela contra a curiosidade e a superstição. Hoje em dia, o ensinamento da Igreja Católica Romana sobre o purgatório está conectado ao seu entendimento da comunhão dos santos; quer dizer, estamos ligados aos santos no céu, às pessoas santas que ainda estão no purgatório e àqueles que creem na terra. Rezar para os mortos não significa comprar a saída deles do purgatório, mas acreditar na "ressurreição do corpo e na vida eterna".

trarreforma, as igrejas perderam a noção de comunidade espiritual[24].

Na Comunidade L'Arche Daybrake, onde vivi, continuamos a rezar pelos membros da comunidade que faleceram. Celebramos sua vida e morte; pensamos neles todos os dias. Também temos suas fotografias à mostra; assim, Laurie, Helen e Morris, que morreram recentemente, e outros que morreram no passado, estão sempre conosco. Continuam a me tocar espiritualmente e a me dar seu amor. Quanto mais me apego às minhas memórias deles, mais ativos estão em meu coração e em minha vida. Assim como precisavam de mim quando estavam vivos, preciso deles para continuar a

---

24. Em "Befriending Death", seu discurso na National Catholic Aids Network Conference (Loyola University, Chicago, jul./1995), Nouwen conectou a doutrina da comunhão dos santos com o problema da Aids na época. Disse ao público: "Somos chamados a resgatar a maravilhosa comunhão dos santos. Quer dizer, aqueles que morreram antes e depois de nós são parte da mesma grande família. Somos uma pequena porção de uma grande comunidade que tocamos e sentimos, e pertencemos àqueles que viveram no passado. Podemos falar de antigos santos como São Francisco, São Benedito ou Santo Ignácio, e isto é importante; mas precisamos lembrar que há milhares de pessoas que vieram antes de nós e são parte desta grande família. Precisamos nos lembrar delas e abraçá-las como santos. Sim, estou falando *daqueles* que viveram e morreram antes de nós. Assim como todos nós, também tiveram que trabalhar suas sexualidades, sentiram-se sozinhos, deprimidos e confusos. Mesmo aqueles que enfrentaram a peste negra são parte desta grande família humana. Quanto mais olho para o passado e o futuro, mais vejo que pertenço a eles. Estamos aqui por apenas um momento e continuaremos a estar por causa daqueles que vieram antes e virão depois de nós. Penso na comunhão dos santos como uma maravilhosa família espiritual que nos acolhe e torna possível nosso êxodo desta vida".

viver. Continuam a me ensinar quem sou, aonde estou indo e a quem pertenço.

Conclusão

Este movimento final da formação espiritual requer muita confiança naquele que nos ama eternamente, antes de nascermos e após morrermos. Esta foi a mensagem que Peter nos deu de sua cama no hospital de Toronto. Os evangelhos dizem que Pedro, Tiago e João receberam esta verdade quando viram Moisés, Elias e Jesus lado a lado; Jesus irradiava uma luz branca e uma nuvem luminosa apareceu do céu dizendo: "Este é meu amado Filho, em quem me comprazo; escutai-o" (Mt 17,5).

Assim sendo, encorajo-lhes a olhar nos olhos do anjo da morte e dizer: "Não tenho medo. Aceito minha morte; será como uma segunda infância para mim. Acredito na comunhão dos santos e na vida eterna. Confio em Deus e Ele me chama de amado Filho".

Uma oração

Oh, Senhor, quando morrerei? Não sei, mas espero que não seja em breve. Não quero dizer que estou apegado a esta vida, mas me sinto despreparado para me juntar a você. Seja paciente comigo, permita-me viver mais um pouco, dê-me outra chance de me converter e purificar meu coração. O tempo será uma dádiva para mim. Amém[25].

---

25. *A Cry for Mercy*: Prayers from the Genesee (Grito de misericórdia). Nova York: Doubleday, 1981, 24 de março, p. 60.

APROFUNDAMENTO: EXERCÍCIOS PARA A
FORMAÇÃO ESPIRITUAL

O que Jacob Boehme quis dizer quando exclamou "Aquele que não morre antes de morrer, está perdido quando morre"?[26]

Onde e como quer morrer?[27]

Como este movimento final, da negação para a aceitação da morte, antecipa e sumariza todos os outros movimentos da formação espiritual?

Meditação: a dádiva da paz

Durante sua estadia em Chicago na época em que ia discursar na National Catholic Aids Network Conference, em 1995 (e este discurso, "Befriending Death", serviu de base para este capítulo), Nouwen visitou seu amigo Cardeal Joseph Bernardin, doente terminal, no hospital. Henri conversou com ele sobre seus pensamentos e que devemos "nos tornar amigos da morte antes de morrermos", encorajou-lhe a experimentar sua luta contra o câncer abertamente e como pastor de sua congregação, a aceitar

---

26. Esta máxima de Jacob Boehme foi citada em MILLER, H. *The Wisdom of the Heart* (Sabedoria do coração). [s.l.]: New Directions, 1941. • NOUWEN, H. *Turn my Mourning into Dancing* (Transforma meu pranto em dança). [s.l.]: W. Publishing Group/Thomas Nelson, 2001.

27. Um grande amigo de Nouwen, Nathan Ball, colocou-lhe esta questão quando um membro da Comunidade Daybrake faleceu. Nouwen disse que isso lhe "conscientizou de um grande desafio; quer dizer, não apenas como viver uma vida reta, mas como morrer bem". Cf. o prólogo de *Our Greatest Gift*. Op. cit.

a perspectiva da morte reconhecendo que é amado filho de Deus. As seguintes reflexões pessoais do Cardeal Bernardin em seu livro *The Gift of Peace* confirmam o valor destes discernimentos para si mesmo e para a Igreja:

> Algo extraordinário me aconteceu em julho do ano passado. O Padre Henri Nouwen, meu amigo de mais de vinte anos, veio me visitar. Tinha vindo a uma conferência aqui em Chicago e me perguntou se podia vir me ver. Disse: "Com certeza". Passamos uma hora juntos e ele me trouxe uma cópia de seu último livro, *Our Greatest Gift: A Meditation on Dying and Caring* [Nossa maior dádiva]. Conversamos sobre o livro e me lembro muito bem que Nouwen me falou da importância de ver a morte como uma amiga, não inimiga. Sempre considerei isso uma verdade teológica, mas precisei me relembrar disso porque estava exausto devido à radioterapia. Nouwen disse: "A vida é muito simples. Se tiver medo ou estiver ansioso e falar com um amigo, seu medo e ansiedade tenderão a diminuir e desaparecer. Se começar a vê-los como inimigos, começará a negá-los e tentará se afastar deles. As pessoas de fé que acreditam que a morte é a transição desta vida para a eterna devem vê-la como uma amiga".

Esta conversa me ajudou muito e removeu alguns dos meus temores e ansiedades sobre a morte. Quando Nouwen morreu repentinamente de ataque cardíaco no dia 21 de setembro deste ano, aos 64 anos, todos ficaram chocados. Entretanto, não tenho dúvida de que estava preparado para isso porque passou sua vida ensinando os outros a viver e a morrer[28].

---

[28]. BERNARDIN, J. *The Gift of Peace*. [s.l.]: Loyola, 1997, p. 127-128.

Reflexão

Levando em conta os discernimentos de Nouwen sobre o movimento da negação para a aceitação da morte, leia a passagem dos evangelhos sobre a Transfiguração de Jesus e reflita sobre a Luz vista por aqueles que subiram ao Monte Tabor.

Lectio divina: *a luz do Monte Tabor*
"Seis dias depois, tomou Jesus consigo a Pedro, e a Tiago, e a João, seu irmão, e os conduziu em particular a um alto monte; e transfigurou-se diante deles; e seu rosto resplandeceu como o sol, e suas vestes se tornaram brancas como a luz. E eis que lhes apareceram Moisés e Elias, falando com ele. E Pedro, tomando a palavra, disse a Jesus: Senhor, bom é estarmos aqui; se queres, façamos aqui três tabernáculos, um para ti, um para Moisés, e um para Elias. E, estando ele ainda a falar, eis que uma nuvem luminosa os cobriu. E da nuvem saiu uma voz que dizia: Este é meu amado Filho, em quem me comprazo; escutai-o. E os discípulos, ouvindo isto, caíram sobre seus rostos, e tiveram grande medo. E, aproximando-se Jesus, tocou-lhes, e disse: Levantai-vos, e não tenhais medo. E, erguendo eles os olhos, ninguém viram senão unicamente a Jesus" (Mt 17,1-8).

Meditação sobre o Monte Tabor
Lá no topo do Monte Tabor viram a Transfiguração de Jesus com seus próprios olhos. "E seu rosto resplandeceu como o sol, e suas vestes se tornaram brancas como a luz." Os profetas Moisés e Elias apareceram para eles e ficaram estupefatos. Pedro tomou a palavra e se ofereceu para fa-

zerem 'tendas' para Jesus, Moisés e Elias. Enquanto falava, uma nuvem luminosa os cobriu e uma voz disse: "Este é meu amado Filho, em quem me comprazo; escutai-o".

O Padre Rodney DeMartini disse: "É muito difícil subir o Monte Tabor. É difícil porque subi-lo significa deixar para trás o conhecido, antigos caminhos e amigos; significa desapego, mas mantendo a confiança; significa agarrar rochas escarpadas esperando, não acreditando, que não cederão; finalmente, significa que há o cume e o outro lado".

As transformações acontecem nas montanhas: Olivet, o Monte das Oliveiras; Calvário, o Monte das Caveiras; Sião, a cidade de luz na colina. Toda montanha tem suas fendas às escuras e seus topos com grandes vistas. Tabor, o monte da transfiguração, representa uma dança de sombras e luz que aconteceu em seu cimo quando a voz de Deus foi ouvida[29].

---

29. Padre Rodney DeMartini, diretor-executivo da National Catholic Aids Network, ofereceu esta meditação durante a National Catholic Aids Conference de 1995 (Loyola University, Chicago, 20-25 de julho de 1995). Ele apresentou Henri Nouwen, convidado especial, assim: "Para podermos subir a montanha, navegar seu desespero, esperança, desolação e maravilhosas vistas, precisamos de um guia, um alpinista hábil que sabe quando subir, descer, agarrar-se e soltar. Henri Nouwen é um desses guias. É padre da Arquidiocese de Utrecht, na Holanda, professor renomado das universidades de Notre Dame, Yale e Harvard, e autor de vários livros sobre a espiritualidade. É psicólogo, teólogo, escritor, guia espiritual e capelão da Comunidade L'Arche Daybreak, em Ontário, desde 1986. A partir de suas experiências nesta comunidade, demonstrou-nos que o mundo não é dividido entre deficientes e capazes; nossa união vai além disso. De certo modo, somos todos deficientes; mas se olharmos bem veremos que somos todos muito capazes. Somos capazes de amar uns aos outros e de formar uma comunidade. Vamos lhe dar as boas-vindas. Ele nos guiará através da montanha da espiritualidade, de suas sombras de desesperança para as belas vistas banhadas por uma luz veranil. Henri Nouwen, seja bem-vindo".

Prepare-se para subir a montanha. Assegure-se de que tem tempo suficiente e tente chegar ao topo. Abrace o silêncio e a solidão. Acalme-se e escute.

Leia o texto do evangelho vagarosamente e com atenção três vezes; imagine que está no topo da montanha com Pedro, Tiago e João. O que vê? O que escuta? O que sente quando Jesus diz: "Não tenham medo". O que significaria para você vivenciar os eventos do topo da montanha? Finalmente, o que esta passagem nos diz sobre aceitar nossa mortalidade, morte e nova vida?

Escreva um parágrafo sobre o que vê e ouve no topo da montanha. Compartilhe seus pensamentos com seu grupo de formação espiritual, seu guia espiritual ou com um amigo.

Visio divina: no limiar da eternidade

Na cidadezinha de Etten, na Holanda, Vincent van Gogh fez o estudo de um fazendeiro idoso sentado perto da lareira; está enfermo, tem sua cabeça entre suas mãos e cotovelos apoiados nos joelhos[30], *Old Man with his Head in his Hands* (Homem velho com a cabeça entre as mãos). Van Gogh escreve que: "Está cansado, no limiar da eternidade. Neste trabalho tentei expressar... a existência de Deus e da eternidade com a emocionante expressão deste frágil idoso enquanto senta perto da lareira; ele mesmo pode não ter consciência disto. É uma cena muito triste e melancólica que toca todos aqueles que sabem que um dia

---

30. Esta seção é uma adaptação de "Compassion: Solidarity, Consolation e Comfort" (Compaixão: solidariedade, consolação e conforto).

passaremos pelo vale da sombra da morte, choraremos e envelheceremos. O que está além desta vida é um mistério que apenas Deus conhece; entretanto, Ele nos revelou através das escrituras que há ressurreição após a morte". Esta visão da morte e nova vida nos foi revelada numa carta datada de 15 de novembro de 1878 para seu irmão Theo.

Sente-se em silêncio, talvez perto de uma lareira, e ponder sobre "o limiar da eternidade". Deixe suas reflexões guiarem sua oração.

Epílogo

Jornada interior, jornada exterior*

A formação espiritual requer uma *jornada interior e exterior*, para usar as palavras de Elizabeth O'Connor[1]. A jornada interior nos leva a encontrar o Cristo que habita dentro de nós, e a exterior nos permite encontrá-lo nas outras pessoas e no mundo. A primeira requer as disciplinas da solidão, silêncio, oração, meditação, contemplação e atenção aos movimentos do coração; a segunda acontece na comunidade e no ministério, e necessita das disciplinas do cuidado, compaixão, testemunho, abertura, cura, responsabilidade e dedicação aos movimentos do coração. Portanto, isto quer dizer que se ajudam e nunca podem ser separadas.

A espiritualidade nos apresenta oportunidades para nos centrarmos e conhecermos as complexidades da nossa vida interior. Quando nos sentirmos confortáveis em casa (quando descobrirmos seus pontos sombrios, bem como

---

* O texto é uma compilação de uma apostila que Nouwen usou em seu curso sobre Formação Espiritual e notas tiradas em classe pelo editor (Yale Divinity School, 1980) [N.E.].

1. O'CONNOR, E. *Journey Inward, Journey Outward*. Nova York: Harper & Row, 1968.

os ensolarados, suas portas trancadas e seus cômodos com correntes de ar), nossa confusão se evaporará, nossa ansiedade diminuirá e nos tornaremos mais criativos. O *discernimento* e a *articulação* são habilidades importantes nesse processo. Aqueles que conseguem discernir e articular os vários movimentos em sua vida interior, que identificam as forças contrárias em sua alma e têm claridade de pensamento sobre suas experiências, não são vítimas passivas do processo porque podem paulatina e confiantemente superar obstáculos que impedem o Espírito de se manifestar e a criação de um espaço para Ele que nos ama infinitamente em nosso coração.

É apenas na oração a sós e da introspecção que podemos alcançar a comunidade e o ministério. Assim, é importante notar que a jornada interior precede a exterior. Espiritualmente, precisamos conhecer a nós mesmos e a Deus para podermos conhecer os outros. Precisamos amar a nós mesmos e a Deus para podermos amar as outras pessoas. A comunhão com Ele precede a comunidade e nossa missão no mundo. Uma vez começada a jornada interior, podemos nos engajar com a exterior e ir da solidão para a comunidade e o ministério.

Essas jornadas nos trazem discernimentos e nos convertem. São difíceis e é aconselhável não fazê-las sozinho. Entretanto, vale notar que, quando enveredamos pelo caminho interior ou exterior, Deus sempre nos sustenta e guarda porque "maior é [seu] coração, e conhece todas as coisas" (1Jo 3,20).

Viver a espiritualidade requer formação, direção e discernimento. Apesar de serem realidades recorrentes na vida espiritual, precisamos considerá-las individualmente. Agora que leu este livro sobre a formação espiritual, já deu o primeiro passo na longa jornada da fé. Pode ser que agora precise de alguém que lhe *guie* espiritualmente porque esta jornada requer não apenas determinação, mas também conhecimento do caminho[2]. Sob a liderança deste guia e de uma comunidade de fé, será levado a aprender discernimentos espirituais. Juntos, formação, direção e discernimento constituem uma forma de trilogia da espiritualidade[3].

---

2. Cf. LAIRD, R."How to Find a Spiritual Director", apêndice 2. In: NOUWEN, H. *Spiritual Direction.* [s.l.]: HarperOne, 2006, p. 155-160.

3. Este livro, *A formação espiritual*, lida com os movimentos e é o segundo de uma trilogia sobre o entendimento da espiritualidade de Henri Nouwen. O livro *Direção espiritual* (Spiritual Direction) lidou com o vivenciar do questionamento e foi publicado em 2006. O último livro da série, *Discernimento espiritual* (Spiritual Discerniment) lida com o discernimento de sinais em nosso dia a dia. Estes volumes foram compilados pelos editores após a morte de Nouwen, fazem uso de materiais publicados e notas pessoais e juntam vários aspectos de seus ensinamentos dentro de um novo contexto e novos leitores.

Apêndice

O lugar de Nouwen na Teoria de Desenvolvimento Espiritual

Michael J. Christensen

Henri J.M. Nouwen, padre católico, psicólogo pastoral, professor universitário e grande escritor sobre a espiritualidade, argumentou que a vida espiritual é uma *jornada*: uma jornada interior para o coração e exterior para a comunidade e o ministério. Ele descreve estas *jornadas* como uma série de movimentos *desta* qualidade para *aquela*, de algo escravagista e destruidor para algo libertador e pleno de vida. Afirma que psicológica e espiritualmente passamos nossa vida avançando e regredindo "entre diferentes polaridades porque nossa vida está sempre oscilando e se reafirmando"[1].

A formação espiritual acontece a partir da conscientização das polaridades interiores e quando seguimos os movimentos incitados pelo Espírito. A prece contemplativa e outras práticas espirituais nos ajudam a "ir da

---

1. *Reaching Out* (Crescer): The Three Movements of the Spiritual Life. [s.l.]: Doubleday, 1975, p. 10.

cabeça para o coração"; assim, ganhamos uma consciência maior, profunda liberdade e capacidade de amar cada vez mais a Deus e às outras pessoas. Este livro sobre a formação espiritual é baseado na "teoria" de Nouwen sobre *movimentos* dinâmicos, algo parecido com movimentos musicais, e contrasta com a visão clássica de "estágios" de desenvolvimento espiritual. Apesar de ser menos sistemática que outras concepções e confinada à vida adulta (assim, contrasta com abordagens que levam em conta a vida inteira), a abordagem da formação espiritual de Nouwen é orgânica e intuitiva, inteligente e convincente.

Duas jornadas, muitos movimentos

A jornada interior nos leva a encontrar o Cristo que habita dentro de nós e a exterior nos permite encontrá-lo nas outras pessoas e no mundo. A primeira requer as disciplinas da solidão, silêncio, oração, meditação, contemplação e atenção aos movimentos do coração; a segunda acontece na comunidade e no ministério, e necessita das disciplinas do cuidado, compaixão, testemunho, abertura, cura, responsabilidade e dedicação aos movimentos do coração. Portanto, isto quer dizer que se ajudam e nunca podem ser separadas[2].

---

2. Apostila e notas de classe do curso "Communion, Community and Ministry: Introduction to the Spiritual Life" ("Comunhão, comunidade e ministério) (YDS, 1980; Regis College, 1994). Nouwen se inspirou no trabalho de Elizabeth O'Connor (*Journey Inward, Journey Outward*. Nova York: Harper & Row, 1968) para o tema de "jornadas".

A reflexão teológica de Nouwen sobre as jornadas de fé revela que há muitos movimentos transformadores em cada uma delas. A formação espiritual pode começar pela jornada interior para o coração, continuar com a exterior para a comunidade e para o ministério e depois passar a ser novamente uma jornada para o coração[3].

Para Nouwen, o coração é "o lugar onde as vidas física, mental e emocional se fundem"; é o órgão unificador de nossa vida e a "fonte de todas as energias físicas, emocionais, intelectuais, volitivas e morais"[4]; é o centro de nossa vontade, tem intenções e faz escolhas. Quando rezamos com o coração, familiarizamo-nos com as complexidades e polaridades de nossa vida interior. Quando o coração está aberto e reponde ao Espírito em nosso ser, passamos a nos relacionar de maneira diferente com nós mesmos, outras pessoas e Deus. Por exemplo, Nouwen escreveu em *Reaching Out* (Crescer: Os movimentos da vida espiritual) que uma polaridade lida com nosso relacionamento com nós mesmos ("a polaridade entre solidão e estar sozinho"); outra polaridade forma a base para nosso relacionamento com os outros ("a polaridade entre a hostilidade e a hospitalidade"); finalmente, uma terceira polaridade estrutura nosso relacionamento com Deus ("a polaridade entre a ilusão e a oração"). Estes opostos "são o contexto da espiritualidade".

---

3. "Communion, Community and Ministry". Op. cit.
4. Cf. a introdução desta obra.

Como refletiu em suas próprias experiências espirituais e na de outros, Nouwen foi capaz de articular qualidades e dinâmicas reconhecíveis da vida interior em relação à formação espiritual. Em seu primeiro livro *Intimacy: Essays in Pastoral Psychology* (Intimidade) comentou sobre as dinâmicas interiores entre medo, vergonha, vulnerabilidade, identidade, autorrespeito, ansiedade, amor e esperança. Acreditava que estas polaridades psicológicas e espirituais nos levam a movimentos transformadores, alguns maiores, outros menores, em nossa jornada espiritual. Na oscilante e dinâmica tensão entre estas polaridades, avançamos e regredimos constantemente na vida espiritual, vamos *desta* qualidade para *aquela*, de algo escravagista e destruidor para algo libertador e pleno de vida.

A ideia de uma jornada implica progresso, mas este não é mensurável ou acumulativo. Em culturas que valorizam progresso social, conquistas pessoais e desenvolvimento humano, é natural que a noção de estágios e padrões sejam aplicados ao desenvolvimento e à formação espiritual. Nouwen observa que podemos nos preocupar muito, algumas vezes de forma demasiada, com questões como: "Quanto avancei? Será que, daquele momento em que me engajei no caminho espiritual, consegui progredir espiritualmente? Em que nível me encontro agora e o que tenho que fazer para atingir o próximo? Quando conseguirei me unir a Deus? Quando experimentarei a iluminação?" Não ignora estas questões, mas aponta outro caminho: "Muitos santos elevados descreveram suas experiências religiosas e outros que não atingiram este grau sistematizaram estas experiências em fases, níveis ou estágios diferentes". Estas distinções podem ajudar aqueles que escrevem livros didáticos, "mas é importante aqui deixarmos o mundo das medidas para trás quando falamos da vida do Espírito"[5].

Estágios progressivos ou movimentos transformadores?

Os movimentos da vida espiritual não têm uma separação precisa e não seguem necessariamente uma sequência. Entretanto, "certos temas são comuns a vários movimentos e aparecem em tonalidades diferentes; muitas vezes, são fluidos e se fundem como se fossem movimentos de uma sinfonia"[6]. Quando identificamos os movimentos e polaridades de nossa vida interior, passamos a conhecer as dinâmicas da vida espiritual, discernimos as forças que trabalham em nosso "eu" e podemos articular a ação divina em nossa vida.

Nouwen ganhou este entendimento de movimentos recorrentes primeiro quando estava na University of Notre Dame, mas continuou a trabalhar com esta ideia em livros e palestras durante toda sua carreira acadêmica em Yale e Harvard. Por exemplo, num de seus primeiros livros, *Pray to Live* (Reze para viver) (agora intitulado *Thomas Merton: Contemplative Critic*), Nouwen

---

5. *Reaching Out.* Op. cit., p. 10.
6. Ibid., p. 12.

identificou os movimentos *do sarcasmo para a contemplação* e *da opacidade para a transparência*. Em obras subsequentes identificou outros movimentos, normalmente sempre em grupos de três, que correspondem a uma disciplina; em Reaching out (Crescer), o primeiro movimento é *da solidão para o estar sozinho* e requer a disciplina do silêncio; o segundo é *da hostilidade para a hospitalidade* e requer o ministério; o terceiro é *da ilusão da vida para a oração do coração* e necessita da prece contemplativa e do discernimento comunitário. Em Here and Now (Aqui e agora) os movimentos são *do fatalismo para a fé, da preocupação para a oração e da cabeça para o coração*; e em The Return of the Prodigal Son (O retorno do filho pródigo) os movimentos são *do êxodo para o retorno a casa, da mágoa para a gratidão e do ser perdoado para o perdoar*.

Em alguns de seus livros apenas um movimento fica saliente: em Creative Ministry (Ministério criativo), o movimento *do profissionalismo para o ministério criativo*; em Making All Things New (Renovando todas as coisas), *da alienação para a comunidade*; em Compassion (Compaixão), *da competição para a compaixão*; em The Inner Voice of Love (A voz interior do amor), *da angústia para a liberdade*; em With Burning Hearts (Com o coração em chamas), *da tristeza para a alegria*; em Lifesigns (Sinais de vida), *da prisão do medo para a casa do amor*; finalmente, em Our Greatest Gift (Nossa maior dádiva), *do envelhecimento para o morrendo*. Ao todo, vinte e seis movimentos podem ser identificados em sua obra, mas sete se sobressaem[7].

Os movimentos do Espírito podem variar de indivíduo para indivíduo, de época da vida e de acordo com a comunidade de fé. Eles nunca são estáticos, absolutos ou perfeitamente completos; quer dizer, não precisamos nos formar em um movimento para atingir outro e continuar a jornada. Muito pelo contrário, permanecemos em movimento e discernimos continuamente as influências da atividade divina em nossa vida. Para isso, precisamos estar atentos, identificar as condições e seguir os movimentos sutis do Espírito nela. Para viver espiritualmente, precisamos procurar respirar no ritmo do Espírito e nos mover na direção de Deus enquanto enveredamos pelo caminho da fé.

A teoria clássica de estágios
Como era católico romano, Nouwen herdou uma rica tradição da formação espiritual da teologia mística católica. O desenvolvimento espiritual do cristianismo clássico tem três estágios distintos: *purgação, iluminação* e *unificação*. Estes estágios são fundados em reflexões sobre o Êxodo quando os israelitas foram libertados da escravidão por Deus[8]. Estudos subsequentes

---

7. Cf. os títulos dos capítulos deste livro.
8. Cf. DIONISYUS. *The Celestial Hierarchy*, esp. o capítulo 3: Pseudo-Dionísio o Areopagita. *De coelesti hierarchia* (Da hieraquia celeste).

argumentaram que há cinco passagens distintas no caminho para Deus:

1) o *despertar* (do desejo);
2) a *purgação* (das paixões);
3) a *iluminação* (de Deus);
4) o *anoitecer* (da alma);
5) a *unificação* (com o divino)[9].

Em seus primeiros anos como padre, Nouwen ofereceu liderança espiritual e supervisionou seminaristas e membros de ordens religiosas, e lhes aconselhou a seguir as disciplinas clássicas e completar cada estágio da escalada a Deus. A imagem da escada de Jacó, subi-la um degrau de cada vez até atingir a perfeição, é muito comum à teoria clássica de estágios. Nouwen tinha lido São João Clímaco ou "de Escada" (o beato do século VI que procurou a perfeição através da contemplação no deserto), ficou desiludido e achou que nunca alcançaria o topo[10]. Quando começou a trabalhar na University of Notre Dame como professor de psicologia pastoral, colocou a "escada de ascensão a Deus" na horizontal e passou a ensinar a formação espiritual como uma série de movimentos consequentes do coração. Eles requerem devoção e disciplina; avançamos e retrocedemos; e o objetivo não é atingir a perfeição divina, mas nossa própria humanidade em sua totalidade.

---

9. Cf. NYSSA, G. *Life of Moses* e *From Glory to Glory*, assim como muitas outras obras patrísticas sobre a perfeição e a ascensão a Deus: *A vida de Moisés* e *De glória a glória*.

10. CLIMACUS, J. The Ladder of Divine Ascent (A escada da divina ascensão), apud NOUWEN, H. *Reaching Out.* Op. cit.

Nouwen estudou psicologia e religião num seminário em Utrecht, ganhou seu doutorado em psicologia na Nijmegen University na Holanda; depois se especializou na área de psicologia pastoral no Menninger Institute em Topeka, Kansas, nos Estados Unidos. Ensinou psicologia na University of Notre Dame e depois espiritualidade em Yale e Harvard. Referia a si mesmo como um "padre" que usa a sala de aula como púlpito. Como padre-psicólogo-professor conhecia a relativamente nova disciplina de psicologia profunda[11] e as várias teorias modernas de desenvolvimento psicológico; assim, seus estudos e autoanálise o levaram a conectar seus entendimentos psicossociais aos ensinamentos da espiritualidade clássica.

Teorias modernas de estágios

Assim como as clássicas, as teorias modernas de estágios postulam estruturas de desenvolvimento cognitivo, moral e espiritual. Erik Erikson se inspirou na teoria de desenvolvimento cognitivo de Jean Piaget (1936) e em sua obra clássica *Childhood and Society* (Infância e sociedade), e estabeleceu oito estágios para o ciclo de vida humano (1950). Estas teorias de estágios serviram de base para

---

11. O termo "psicologia profunda" se refere ao estudo dos movimentos sutis e dos aspectos inconscientes da experiência humana a partir da conscientização deles. Quando descobrimos, identificamos e trabalhamos nossas emoções, motivos, sonhos, complexos, questões, arquétipos, podemos iniciar o processo de cura e nos centrar. Apesar de Nouwen não se identificar como um psicólogo profundo, foi influenciado por vários como Carl Jung, Anton Boisen e James Hillman.

muitas outras de desenvolvimento humano, incluindo as de Lawrence Kohlberg e Robert Kegan nos anos de 1970. O livro de 1981 *Stages of Faith* (Estágios da fé), de James Folwer, foi o primeiro a defender uma teoria de estágios de desenvolvimento espiritual durante a vida inteira de uma pessoa. De acordo com Fowler, o desenvolvimento da fé (assim como o emocional, cognitivo e moral) parece ter um padrão reconhecível de desenvolvimento[12]. Esta teoria está entre as muitas desenvolvidas em Harvard, onde Erikson, Piaget, Kohlberg, Kegan e Fowler ensinaram e pesquisaram; Nouwen também ensinou lá seu entendimento da formação espiritual em adultos como sendo uma série de *movimentos* transicionais. A teoria de Fowler, inspirada em Erikson e Piaget, sustentada pelos entendimentos de Kolhberg, afirmou que há "seis estágios de fé"[13].

---

12. FOWLER, J.W. *Stages of Faith*: The Psychology of Human Development and the Quest for Meaning. [s.l.]: HarperSanFrancisco, 1981. Vale notar que Fowler sumarizou o desenvolvimento da disciplina de desenvolvimento espiritual trinta anos após a publicação de seu primeiro artigo sobre a teoria do desenvolvimento da fé. Cf. "Faith Development at 30: Naming the Challenges of Faith in a New Millenium". *Religious Education*, vol. 99, n. 4, 2004.

13. De acordo com Fowler, "a maneira pela qual concebemos e nos engajamos com a fé está diretamente relacionada com nosso modo geral de ganhar conhecimento e valorizar as coisas". Afirma que a fé é mais parecida com um verbo que com um substantivo; ela é um engajamento que dá sentido ao divino, bem como um corpo de ideias e práticas de tradições religiosas específicas. "A fé nos leva à vida e a seus propósitos; nos direciona para a criação, suas origens, sua ordem, sua hospitalidade para com a infinidade de formas e expressões de vida, e para seu mistério". Vale notar que a Teoria de Desenvolvimento Espiritual tem implicações práticas para a ética, teologia e espiritualidade. Cf. FOWLER, J.W. "Faith Development at 30". Op. cit.

A concepção do desenvolvimento da fé em estágios de Fowler foi criticada e desenvolvida durante muitos anos por acadêmicos de Harvard. Carol Gilligan e Sharon Parks trouxeram uma perspectiva feminina e desafiaram entendimentos culturais tipicamente masculinos. Robert Kegan procurou integrar os vários estágios das teorias de Erikson, Piaget, Kohlberg, Fowler, Gilligan e Parks, e enfatizou que nossa vida é um *movimento*, ou como diz: "O movimento criativo e contínuo da própria vida". Àquilo que pensadores chamaram de "estágios" de desenvolvimento, chamou de "pontos de referência com estabilidade temporária" que ocorrem durante nossa vida e procura pelo sentido da criação. Estes seis "estágios de equilíbrio" são pontos específicos de transição e transformação[14].

Como já dissemos, Henri Nouwen começou sua carreira acadêmica em Notre Dame, continuou em Yale e finalmente trabalhou em Harvard. Não tentou intencionalmente desenvolver aquelas teorias de estágios que lhe precederam ou acrescentar algo de novo à psicologia profunda; entretanto, concebeu um entendimento único e profundo sobre o que significa ser uma pessoa espiritual com polaridades e tensões internas, e como estas forças contraditórias desencadeiam movimentos transformadores na jornada da fé. Sua criatividade e sua articulação no

---

14. KEGAN, R. *The Emerging Self:* Problem and Process in Human Development. [s.l.]: Harvard University Press, 1982. Para um sumário de sua obra e relação com seus predecessores, cf. POWERS, J. "Faith as Creative Assent". *Kerygma*, 24, 1990, p. 193-207.

campo de psicologia pastoral representam uma abordagem nova, transformadora e não sistemática; alguns teóricos a têm chamado de "espiritualidade da imperfeição"[15].

Como o progresso é possível?

Se os movimentos não ocorrem necessariamente em sequência ou têm uma progressão própria, se as polaridades internas nunca são completamente resolvidas, como podemos progredir? Nouwen observou os movimentos do Espírito em si mesmo e em outros, notou que tendem a vir em ciclos durante nossa vida e que não têm uma ordem muito previsível. Ao invés de completarmos um estágio antes de passarmos para outros cada vez mais altos, oscilamos entre as polaridades contraditórias que tentamos resolver. Por exemplo, vamos "do medo para o amor" e "do amor para o medo" num processo dinâmico que nunca é completamente resolvido. Nunca resolvemos as tensões de uma vez por todas porque os movimentos sempre nos chamam e tentam nos transformar. Não conquistamos aspectos de nossa vida e passamos a um novo estágio de desenvolvimento espiritual porque somos sempre chamados a orar, amar e entrar na intimidade de Deus.

---

15. Cf. HERNANDEZ, W. *Henri Nouwen*: A Spirituality of Imperfection. [s.l.]: Paulist, 2006. Uma abordagem similar pode ser encontrada no audiolivro de R. Rohr: *The Spirituality of Imperfection*: Wisdom for the Second Half of Life. [s.l.]: St. Anthony Messenger Press, 2009.

Com o tempo, podemos achar que, quando vamos *desta* qualidade para *aquela* (por exemplo, o movimento "da mágoa para a gratidão"), fica mais fácil e natural porque já experimentamos isso antes. Nouwen conclui que quando "nos conscientizamos das diferentes polaridades entre as quais nossa vida oscila e se reafirma"[16] podemos ser mais honestos e estar prontos a falar sobre as realidades da vida espiritual. Neste processo, nos conscientizamos, ficamos mais livres e estabelecemos uma conexão espiritual com Deus e com as outras pessoas.

Conclusão
Assim, para Nouwen a jornada espiritual não envolve a procura pela perfeição, mas a prática da oração contemplativa que nos leva à comunidade e ao ministério. A formação espiritual requer reflexões diárias e práticas intencionais. Este processo envolve a conscientização e a identificação de condições, bem como seguir os movimentos sutis do Espírito em nosso coração e vida. Quer dizer, quando nosso coração está aberto e é responsivo a Ele, a formação espiritual acontece e movimentos apropriados se desencadeiam repentinamente e de várias maneiras.

---

16. *Reaching Out.* Op. cit., p. 10.

Fontes primárias

Introdução – Formação espiritual: o caminho do coração
Spiritual Formation in Theological Education (Manuscript Series, 1970-1979). Um manuscrito não publicado de Nouwen no tópico da formação espiritual serviu de introdução para este livro. Foi compilado com passagens de *Reaching Out*, 1975, p. 10-11. • *The Wounded Healer*, 1972, p. 37-38. • *The Way of the Heart*, 1981, p. 59-60, 76-77. • *Making All Things New*, 1981, p. 21-22.

1 Da opacidade para a transparência
O conteúdo deste capítulo é uma compilação dos seguintes textos: "Prayer and Ministry: An Interview with Henri J.M. Nouwen". *Sisters Today*, 48, n. 6, fev./1977, p. 345-355 (Manuscript Series – Collected Sermons and Lectures, 1977-1981). • *Clowning in Rome*, 1979, p. 88-89, 94-101, 107. Foi enriquecido com passagens de *Reaching Out*, 1975, p. 104. • "Prayer and Health Care", uma gravação da palestra que Nouwen deu no Seventy-fifth Annual Catholic Health Assembly em Washington DC, 10-13 de junho de 1990.

Os editores se basearam nos comentários de Nouwen em "Prayer and Ministry" para o conteúdo da reflexão *visio divina*.

2 Da ilusão para a prece

Este capítulo foi adaptado de "Prayer and Health Care", p. 27-48. As orientações práticas para a oração são de "Prayer and Ministry: An Interview with Henri J.M. Nouwen". *Sisters Today*, 48, n. 6, fev./1977, p. 345-355. Foram enriquecidos com passagens de *Out of Solitude*, 1974, p. 13-15, 20. • *Here and Now*, 1995, p. 90-91. • *The Way of the Heart*, 1981, p. 59.

O texto para a *visio divina* é uma adaptação de Nouwen da "Fábula da árvore inútil", de Chuang Tzu.

3 Da tristeza para a alegria

Este capítulo foi compilado de vários textos, publicados e não publicados, como: "Prayer and Health Care", 1989-1990. • "Prayer and Ministry: An Interview with Henri J.M. Nouwen", 1977. • "From Resentment to Gratitude" (discurso dado no Grant McEwan Community College e patrocinado pela Edmonton L'Arche Association, 12 de março de 1994). • Notas para o sermão "The Road of Emmaus" de Lc 24, dado na Yale Divinity School, 1980. • *A Time to Mourn, a Time to Dance* (discurso ao Christian Counselling Services. Toronto, Ontário, 4 de fevereiro de 1992, p. 15-16), o qual foi subsequentemente publicado como parte da introdução e do capítulo 1 de *Turn my Mourning into Dancing* (Thomas Nelson Books, 1997) e no *Catholic New Times*, março de 1992. • *A Letter of Consolation*, 1992, p. 14-15. • *Letters to Marc About Jesus*, 1988, p. 5. Foi enriquecido com passagens de *With Burning Hearts*, 1994, p. 22, 31, 44, 46, 64.

A meditação sobre o movimento da tristeza para a alegria é uma adaptação de *A Time to Mourn, a Time to Dance*, 1977, p. 11-12, 16-17.

O conteúdo para a *visio divina* foi inspirado e adaptado de "Compassion: Solidarity, Consolation, and Comfort". *America*, 13 de março de 1976. • *Turn my Mourning into Dancing*, 1992, p. 15.

4 Da mágoa para a gratidão
Este capítulo foi baseado numa palestra não publicada de Nouwen: "From Resentment to Gratitude" (1973), dada na National Conference of Catholic Seminarians em Chicago, 28 de abril de 1973 e em seu discurso com o mesmo título dado no Grant McEwan Community College e patrocinado pela Edmonton L'Arche Association, 12 de março de 1994. Os editores integraram outras reflexões e passagens sobre o mesmo tema de *Turn my Mourning into Dancing* (manuscrito, 1992). • *Home Tonight*, 2009, p. 60-61, 81-82, 84-86. • *Gracias*: A Latin American Journal, 1993, p. 15-16, 18-19. A seção "Tudo é uma bênção" foi primeiro publicada e aprimorada em *Weavings*, nov.-dez./1992. Este capítulo integrou e recontextualizou a obra e ideias de Nouwen que abordam nossos esforços para superar as mágoas e que nos ajudam a alcançar uma atitude de agradecimento para com a Igreja, a comunidade, a família e a sociedade.

O conteúdo da *visio divina* vem de uma afirmação frequente de Nouwen em *Turn my Mourning into Dancing*,

1992. Afirma que o ato de esculpir é uma maneira de ver e se refere muitas vezes ao escultor fictício criando uma dançarina graciosa.

5 Do medo para o amor

As fontes primárias para este capítulo foram adaptações e passagens de: *From the House of Fear to the House of Love*: A Spirituality of Peacemaking (vídeo, Center for Social Concerns, University of Notre Dame, 2002). • "The Power of Love and the Power of Fear" (Presbyterian Peace Fellowship, 1985, publicado em *The Road to Peace*, p. 56-57). • "The Mystery of the Passion" (sermão não publicado, abr./1984). • *Lifesigns*, 1986, p. 15-16, 111-114, 120-121. • *Peacework*, 2005, p. 100. • *Can You Drink the Cup*, 1996, p. 74-75. • *Our Greatest Gift*, 1994, p. 17. • Entrevista na Comunidade L'Arche Daybreak para a University of Notre Dame (vídeo, 3 de abril 1996, série 10, subsérie 1, n. 2.000, 02).

O conteúdo da *visio divina* é de *Behold the Beauty of the Lord*, 1987, p. 19-24.

6 Da exclusão para a inclusão

O conteúdo deste capítulo vem do artigo de Nouwen: "Our Story, Our Wisdom". In: PERELLI, R.J. & GALLAGHER, T.L. (orgs.). *HIV/Aids*: The Second Decade. National Catholic Aids Network, 1995. Este artigo é uma transcrição de seu discurso a National Catholic Aids Network Conference na Loyola University, Chicago, 26 de julho 1994.

Nós o expandimos e enriquecemos com passagens de "The Monk and the Cripple: Toward a Spirituality of Ministry". *America*, 142, 1980, p. 205-210. • "Compassion: Solidarity, Consolation, and Comfort". *America*, 13 de março de 1976.
• "A Place Where God Wants to Dwell". *Compass*, vol. 7, n. 4, 1989, p. 34. • "Spirituality and the Family". *Weavings*, vol. 3, n. 1, 1988. • *Reaching Out*, 1975, p. 244.
O texto para a *visio divina* vem de "Our Story, Our Wisdom", 1995. • *Here and Now*, 1995, p. 23-24.

7 Da negação para a aceitação da morte

O texto principal para este capítulo é "Befriending Death" (discurso a National Catholic Aids Network Conference, na Loyola University, Chicago, julho de 1995); este discurso foi parcialmente publicado em *Finding my Way Home* (2001). Nós o enriquecemos com passagens do sermão "On Departure" (12 de maio de 1968, não publicado). • *Bread for the Journey*, 1997, "27 de agosto". • *Our Greatest Gift*, 1982, p. 11-19. • *A Letter of Consolation*, 1982, p. 29-30.

A meditação é do Cardeal Joseph Bernardin: *The Gift of Peace*. Loyola Press, 1997, p. 127-128. O texto para a *visio divina* foi adaptado do artigo de Nouwen sobre Vincent van Gogh, "Compassion: Solidarity, Consolation, and Comfort". *America*, 13 de março de 1976, e enriquecido com descrições dos editores.

Leitura suplementar

Alguns livros de Henri J.M. Nouwen

Aging: The Fulfillment of Life. [s.l.]: Doubleday, 1974.

Behold the Beauty of the Lord: Praying with Icons. [s.l.]: Ave Maria Press, 1987.

Bread for the Journey: A Daybook of Wisdom and Faith. [s.l.]: HarperCollins, 1997.

Compassion: A Reflection on the Christian Life. [s.l.]: Doubleday, 1982.

Here and Now: Living in the Spirit. [s.l.]: Crossroad, 1995.

Home Tonight: Further Reflections on the Parable of the Prodigal Son. [s.l.]: Doubleday, 2009.

In the Name of Jesus: Reflections on Christian Leadership. [s.l.]: Crossroad, 1989.

Life of the Beloved: Spiritual Living in a Secular World. [s.l.]: Crossroad, 1992.

Lifesigns: Intimacy, Fecundity, and Ecstasy in Christian Perspective. [s.l.]: Doubleday, 1986.

Making All Things New: An Invitation to the Spiritual Life. [s.l.]: HarperCollins, 1981.

Our Greatest Gift: A Meditation on Dying and Caring. [s.l.]: HarperCollins, 1994.

Reaching Out: The Three Movements of the Spiritual Life. [s.l.]: Doubleday, 1975.

The Inner Voice of Love: A Journey Through Anguish and Freedom. [s.l.]: Doubleday, 1996.

The Return of the Prodigal Son. [s.l.]: Doubleday, 1992.

The Selfless Way of Christ: Downward Mobility and the Spiritual Life. [s.l.]: Orbis, 2007.

The Way of the Heart: Desert Spirituality and Contemporary Ministry. [s.l.]: Seabury, 1981.

The Wounded Healer: Ministry in Contemporary Society. [s.l.]: Doubleday, 1972.

Thomas Merton: Contemplative Critic. Nova York: Harper & Row, 1972.

With Burning Hearts: A Meditation on the Eucharistic Life. [s.l.]: Orbis, 1994.

Alguns volumes editados sobre e de Henri Nouwen

BENGTSON, J. & EARNSHAW, G. (orgs.). *Turning the Wheel*: Henri Nouwen and Our Search for God. [s.l.]: Orbis, 2007.

GREER, W.W. (org.). *The Only Necessary Thing: Living a Prayerful Life* – Selected Writings of Henri J.M. Nouwen. [s.l.]: Crossroad, 1999.

HERNANDEZ, W. *Henri Nouwen*: A Spirituality of Imperfection. [s.l.]: Paulist Press, 2006.

LAIRD, R. & CHRISTENSEN, M.J. (orgs.). *The Heart of Henri Nouwen*: His Words of Blessing. [s.l.]: Crossroad, 2003.

LaNOUE, D. *The Spiritual Legacy of Henri Nouwen*. [s.l.]: Continuum, 2000.

MOSTELLER, S. (org.). *Finding my Way Home*: Pathways to Life and the Spirit. [s.l.]: Crossroad, 2001.

NOUWEN, H.J.M. *Spiritual Direction*: Following the Movements of the Spirit. [s.l.]: HarperOne, 2006 [org. por M.J. Christensen e R. Laird].

_____. *Turn my Mourning into Dancing*: Finding Hope in Hard Times. [s.l.]: W. Publishing Group/Thomas Nelson, 2001 [org. por T. Jones].

O'ROURKE, M. *Befriending Death*: Henri Nouwen and the Spirituality of Dying. [s.l.]: Orbis, 2009.

Textos clássicos

ANÔNIMO. *The Way of a Pilgrim*. [s.l.]: Image, 1978.

ATHANASIUS. *The Life of St. Anthony*. Ancient Christian Writers. Vol. 10. [s.l.]: Newman Press, 1978.

AUGUSTINE OF HIPPO. *The Confessions of St. Augustine*. [s.l.]: New American Library, 1963.

BERNARD OF CLAIRVAUX. *The Love of God*. [s.l.]: Multnomah, 1983 [org. por J. Houston].

BONHOEFFER, D. *The Cost of Discipleship*. [s.l.]: Macmillan, 1978.

_____. *Life Together*. Nova York: Harper & Row, 1954.

CAUSSADE, J.-P. *The Sacrament of the Present Moment*. [s.l.]: HarperSanFrancisco, 1989.

CHARITON DE VALAMO, I. (org.). *The Art of Prayer*: An Orthodox Anthology. [s.l.]: Faber and Faber, 1966.

CLIMACUS, J. *The Ladder of Divine Ascent*. [s.l.]: Paulist, 1982.

DIONYSUS. *The Celestial Hierarchy*. [s.l.]: Paulist, 1987.

DOHERTY, C.H. *Poustinea*: Christian Spirituality of the East for the Western Man. [s.l.]: Ave Maria Press, 1983.

FRANCIS DE SALES. *Introduction to the Devout Life*. [s.l.]: Doubleday, 1955.

GREGORY DE NYSSA. "Life of Moses e From Glory to Glory". *The Classics of Western Spirituality*. [s.l.]: Paulist, 1987.

GUYON, M. *Experiencing the Depths of Jesus Christ*. [s.l.]: Christian Books, 1975.

IGNATIUS OF LOYOLA. *The Spiritual Exercises of St. Ignatius*. [s.l.]: Doubleday, 1964.

JOHN OF THE CROSS. *Dark Night of the Soul*. [s.l.]: Riverhead, 2003.

_____. *The Ascent of Mount Carmel*. [s.l.]: Paraclete Press, 2002.

JOHNSTON, W. *The Mysticism of the Cloud of Unknowing*. [s.l.]: Desclee, 1967 [com prefácio de Thomas Merton].

KADLOUBOVSKY, E. (trans.). *Early Fathers from the Philokalia*. [s.l.]: Faber and Faber, 1954.

KADLOUBOVSKY, E. & PALMER, G.E.H. (org.). *Writings from the Philokalia*: On Prayer of the Heart. [s.l.]: Faber and Faber, 1992.

KELLY, T. *A Testament of Devotion*. Nova York: Harper & Row, 1941.

LAWRENCE, B. *The Practice of the Presence of God*. [s.l.]: Revell, 1958.

LLEWELYN, R. (org.). *Enfolded in Love*: Daily Readings with Julian of Norwich. [s.l.]: Darton, Longman, and Todd, 2004.

_____. *The Revelation of Divine Love*. [s.l.]: Penguin, 1999 [Introdução e notas de A.C. Spearing].

MEISTER ECKHART. *Treatises on the Love of God*. Nova York: Harper & Row, 1968.

MERTON, T. *Contemplation in a World of Action*. [s.l.]: Doubleday, 1971.

_____. *Contemplative Prayer*. [s.l.]: Herder and Herder, 1969.

_____ *Conjectures of a Guilty Bystander*. [s.l.]: Doubleday, 1966.

_____. *The Seven Storey Mountain*. [s.l.]: Harcourt Brace, 1948.

MERTON, T. (org.). *The Wisdom of the Desert*: Sayings from the Desert Fathers of the Fourth Century. [s.l.]: Shambhala, 2004.

MOTTOLA, A. (org.). *The Spiritual Exercises of St. Ignatius*. [s.l.]: Doubleday, 1964.

TERESA OF ÁVILA. *The Interior Castle*. [s.l.]: Image, 1972.

THÉRÈSE OF LISIEUX. *The Story of the Soul*. [s.l.]: Image, 1989.

WARD, B. (org.). *The Sayings of the Desert Fathers*. [s.l.]: Mowbray & Co., 1975.

WARE, K. *The Orthodox Way*. [s.l.]: St. Vladimir's Seminary Press, 1995.

WARE, T. (org.). *The Art of Prayer*: An Orthodox Anthology. [s.l.]: Faber & Faber, 1966.

Textos contemporâneos

BARTON, R.H. *Sacred Rhythms*: Arranging our Lives for Spiritual Transformation. [s.l.]: InnerVarsity, 2006.

BERNARDIN, J. *The Gift of Prayer*. [s.l.]: Image, 1998.

BLOOM, A. *Beginning to Pray*. [s.l.]: Paulist, 1970.

CHRISTENSEN, M.J. & WITTUNG, J.A. *Partakers of the Divine Nature*: The History and Development of Deification in the Christian Tradition. [s.l.]: Baker Academic, 2007.

FOREST, J. *Road to Emmaus*: Pilgrimage as a Way of Life. [s.l.]: Orbis, 2007.

FOSTER, R. *Celebration of Discipline*: The Path to Spiritual Growth. [s.l.]: HarperSanFrancisco, 1978.

FOSTER, R.J. *Prayer*: Finding the Heart's True Home. [s.l.]: HarperSanFrancisco, 1992.

FOWLER, J. *Stages of Faith*. Nova York: Harper & Row, 1981.

HOLMES, B.A. *Joy Unspeakable*: Contemplative Practices of Black Church. [s.l.]: Fortress, 2004.

KEGAN, R. *The Evolving Self*: Problem and Process in Human Development. [s.l.]: Harvard University Press, 1982.

LEWIS, C.S. *Letters to Malcolm*: Chiefly on Prayer. [s.l.]: Harcourt, Brace & World, 1964.

_____. *Surprised by Joy*. [s.l.]: Harcourt/Brace, 1956.

MULHOLLAND, M.R. *Invitation to a Journey*: A Road Map for Spiritual Formation. [s.l.]: InterVarcity, 1993.

MUTO, S. *Pathways of Spiritual Living*. [s.l.]: Epiphany Books, 2004.

O'CONNOR, E. *Journey Inward, Journey Outward*. Nova York: Harper & Row, 1968.

PETERSON, E. *The Contemplative Pastor*. [s.l.]: Word, 1989.

ROHR, R. *The Spirituality of Imperfection*: Wisdom for the Second Half of Life. [s.l.]: St. Anthony Messenger Press, 2009 [audio].

SOLLE, D. *Mysticism and Resistance*. [s.l.]: Fortress, 2001.

STEINDL-RAST, B.D. *Gratefulness: The Heart of Prayer* – An Approach to Life in Fullness. [s.l.]: Paulist, 1984.

THOMSON, M.J. *Soul Feast*: An Invitation to the Christian Life. [s.l.]: Westminster John Knox, 1995.

VANIER, J. *Essential Writings*. [s.l.]: Orbis, 2008.

_____. *Community and Growth*. [s.l.]: Paulist Press, 1979.

_____. *Be Not Afraid*. [s.l.]: Paulist, 1975.

WILLARD, D. *Renovation of the Heart*: Putting on the Character of Christ. [s.l.]: Now Press, 2002.

_____. *The Spirit of the Disciples*. [s.l.]: Harper Collins, 1988.

Créditos

Agradecemos a permissão para usar e adaptar passagens dos seguintes livros de Henri J.M. Nouwen:

Passagens de sete livros publicados por HarperOne: *Making All Things New*, © 1981; *The Way of the Heart*, © 1981; *A Letter of Consolation*, © 1982; *Letters to Marc about Jesus*, © 1988; *Gracias!*, © 1983; *Our Greatest Gift*, © 1984; *Bread for the Journey* ("27 de agosto"), © 1997.

Passagens de *Letters to Marc About Jesus*, publicado, e copyright de Dalton Longman and Todd Ltd., Londres, © 1981, utilizadas com a permissão da editora.

Out of Solitude, © 1974, 2004; *Can You Drink the Cup?*, © 1996; *Behold the Beauty of the Lord*, © 1987, da Ave Maria Press, Notre Dame, IN46556, utilizados com a permissão da editora.

Here and Now, © 1994; *Finding My Way Home*, © 2001, usados com a permissão de Crossroads Publishing Company, por meio do Copyright Clearance House.

Passagens de *The Gift of Peace* do Cardeal Joseph Bernardin (Loyola Press, 1997), reproduzidas com a permissão da editora. Para adquirir cópias deste livro visite www.loyolabooks.org

Passagens de *With Burning Hearts*, © 1994; *The Road to Peace*, © 1998, da Orbis Books.

Passagens dos seguintes artigos publicados e não publicados com copyright pertencente a Henri Nouwen nos foram fornecidos pelo Literary Trust e utilizados com a permissão do The Henri Nouwen Legacy Trust: "Spiritual Formation in Theological Education" (Manuscript Series, 1970-1979); "The Monk and the Cripple: Toward a Spirituality of Ministry", *America* (15 de março de 1980); "Compassion: Solidarity, Consolation and Confort", *America* (13 de março de 1976) – publicados pela America Press, Inc.; "A Place Where God Wants to Dwell" (set./1989), publicado originalmente em *Compass*: A Jesuit Journal, set./1989; "Prayer and Ministry" (Manuscript Series, 1977-1981), publicado em *Chac Review*, 17, 1989; "The Power of Love and the Power of Fear" (Presbyterian Peace Fellowship, 1985), reimpresso em *The Road to Peace* (Orbis, 1998); "The Ministry of the Passion" (Sermão, 1984); "Our Story, Our Wisdom", in: R. Perelli e T.L. Gallagher (orgs.), *HIV/Aids*: The Second Decade (1995) e em *The Road to Peace* (Orbis, 1998); "Befriending Death", discurso dado na National Catholic Aids Network Conference, Loyola University, Chicago, jul./1995, e depois publicado em *Finding my Way Home* (2001); "From Resentment to Gratitude" (National Conference of Catholic Seminarians em Chicago, 28 de abril de 1973); "From Resentment to Gratitude" (Grant McEwan Community College, 12 de março de 1994); "A Time to Mourn and a Time to Dance", discurso dado no Christian Counseling Services (1992) e subsequentemente publicado em *Turn my Mourning into Dancing*, T. Jones (org.), (W Publishing Group/Thomas Nelson, 2001).

Fizemos todos os esforços para obter permissões para os textos aqui reproduzidos, citados ou adaptados. Qualquer omissão não foi intencional. Por favor, entre em contato conosco e retificaremos em futuras edições.

CULTURAL

Administração
Antropologia
Biografias
Comunicação
Dinâmicas e Jogos
Ecologia e Meio Ambiente
Educação e Pedagogia
Filosofia
História
Letras e Literatura
Obras de referência
Política
Psicologia
Saúde e Nutrição
Serviço Social e Trabalho
Sociologia

CATEQUÉTICO PASTORAL

Catequese
Geral
Crisma
Primeira Eucaristia

Pastoral
Geral
Sacramental
Familiar
Social
Ensino Religioso Escolar

TEOLÓGICO ESPIRITUAL

Biografias
Devocionários
Espiritualidade e Mística
Espiritualidade Mariana
Franciscanismo
Autoconhecimento
Liturgia
Obras de referência
Sagrada Escritura e Livros Apócrifos

Teologia
Bíblica
Histórica
Prática
Sistemática

VOZES NOBILIS

Uma linha editorial especial, com importantes autores, alto valor agregado e qualidade superior.

REVISTAS

Concilium
Estudos Bíblicos
Grande Sinal
REB (Revista Eclesiástica Brasileira)

VOZES DE BOLSO

Obras clássicas de Ciências Humanas em formato de bolso.

PRODUTOS SAZONAIS

Folhinha do Sagrado Coração de Jesus
Calendário de mesa do Sagrado Coração de Jesus
Agenda do Sagrado Coração de Jesus
Almanaque Santo Antônio
Agendinha
Diário Vozes
Meditações para o dia a dia
Encontro diário com Deus
Guia Litúrgico

CADASTRE-SE
www.vozes.com.br

EDITORA VOZES LTDA.
Rua Frei Luís, 100 – Centro – Cep 25689-900 – Petrópolis, RJ
Tel.: (24) 2233-9000 – Fax: (24) 2231-4676 – E-mail: vendas@vozes.com.br

UNIDADES NO BRASIL: Belo Horizonte, MG – Brasília, DF – Campinas, SP – Cuiabá, MT
Curitiba, PR – Fortaleza, CE – Goiânia, GO – Juiz de Fora, MG
Manaus, AM – Petrópolis, RJ – Porto Alegre, RS – Recife, PE – Rio de Janeiro, RJ
Salvador, BA – São Paulo, SP